REDEN WIR ÜBER POLITIK

Sebastian Kurz
Conny Bischofberger
Reden wir über Politik

Coverfoto: Remo Neuhaus
Covergestaltung: Valeriya Gridneva
Satz: Isabella Starowicz

Gesetzt in der Premiera
Gedruckt in Deutschland

1   2   3   4   5   —   25   24   23   22

 ISBN 978-3-99001-618-3

SEBASTIAN KURZ

MIT CONNY BISCHOFBERGER

REDEN WIR ÜBER POLITIK

edition a

INHALTSVERZEICHNIS

VORWORT

Am Mittag des 15. Mai 2022 betrat ein jugendlich wirkender Mann in Jeans, Turnschuhen und einem dunkelblauen Hoodie die Lobby des Hotels, in dem ich mich einquartiert hatte, um dieses Buch zu schreiben. Ich erkannte ihn nicht sofort, denn ich wartete auf Sebastian Kurz, den ich bis dahin fast ausschließlich in Slim-Fit-Anzug und weißem Hemd gesehen hatte.

Beim Eingang fragten ihn zwei junge Touristinnen: »You're the prime minister, aren't you?«

»Not any more«, stellte er klar, lächelte für ein Selfie in die Smartphones und führte ein bisschen Small Talk. Es war ein Sonntag, er war mit der U-Bahn aus Meidling in die Wiener Innenstadt gekommen.

Bei unserem Gespräch am Tisch neben dem Piano erzählte er mir später, dass ihn noch immer viele Menschen mit »Herr Bundeskanzler« grüßen, wenn er durch Wien geht. Diesen Titel streift man in Österreich nicht einfach ab wie ein Sakko.

An diesem Sonntag erinnerte mich der zweifache Ex-Kanzler, der im November 2021 nach Korruptionsvorwürfen und der Geburt seines Sohnes von allen politischen Ämtern zurückgetreten war, an unsere erste Begegnung in der Osterwoche elf Jahre zuvor. Kurz sprach wieder mit jener Zielstrebigkeit, mit der er bereits damals über seinen Einstieg in die Spitzenpolitik gesprochen hatte. Diesmal über die Chancen, die er nun in der Privatwirtschaft sieht, und seinen gesellschaftlichen Beitrag.

Es war der Gründonnerstag des Jahres 2011, an dem der damalige Bundespräsident Heinz Fischer einen erst 24-Jährigen als Staatssekretär für Integration der neuen ÖVP-Regierungsriege von Michael Spindelegger angelobte. Sebastian Kurz war drei Jahre lang Chef der Jungen ÖVP gewesen und sollte nun das von der FPÖ besetzte Ausländerthema neu positionieren. Die Medien mokierten sich über sein Alter, nicht ahnend, dass dieser Jungpolitiker der Republik in den darauffolgenden Jahren seinen Stempel aufdrücken würde.

24 Stunden später traf ich ihn am Wiener Donaukanal zum ersten Interview. In hellblauem Hemd und Jeans posierte er vor Graffitis, in der Bar Urania bedankte er sich zunächst höflich »für diese Chance«. Dann sprachen wir über Migration und Werte, Jugendsünden wie das »Geilomobil« und seine Freundin Susanne. Ich erfuhr, dass er *CSI: Miami* und Bücher von Zukunftsforschern mag. Dass er kein Auto besitzt, dass er nie geraucht hat und keine Krawatte trägt. Das Interview erschien in der Ostersonntagsausgabe und war eines von zahlreichen langen Gesprächen, die ich in den zehn Jahren seiner Regierungstätigkeit mit dem Politiker Sebastian Kurz geführt habe. Er war der zehnte Bundeskanzler der Republik Österreich, den ich im Laufe meiner journalistischen Karriere erlebt und interviewt habe. Aus unterschiedlichen Gründen stechen in dieser Reihe von Persönlichkeiten einige für mich besonders hervor: Bruno Kreisky, Franz Vranitzky, Wolfgang Schüssel. Sie waren sehr selbstbewusste und auch sehr gestaltende Politiker, die Österreich geprägt haben. Sebastian Kurz gehört ganz gewiss in diese Kategorie.

Rückblickend lassen die Titelfragen meiner Interviews mit ihm eine Dramaturgie seiner politischen Laufbahn erkennen. 2012, als er für die angeschlagene Volkspartei als Hoffnungsträger galt: Können Sie die ÖVP retten? 2013, als er jüngster Außenminister der Welt wurde: Trauen Sie sich alles zu? 2015, als er den Islamismus in Wiener Kindergärten anprangerte: Gießen Sie Öl ins Feuer? 2017, zur harten Migrationslinie befragt: Haben Sie kein Herz für Kinder? 2018, zum Jahrestag der türkis-blauen Koalition: Wie lange bleiben Sie Kanzler? 2020, nach Ausbruch der Pandemie: Kippt die Stimmung? 2021, als Ermittlungen gegen ihn aufgenommen wurden: Kommen Sie da wieder raus?

Elf Jahre und sieben Regierungen später landete im Oktober 2021, nachdem diese Laufbahn geendet hatte, eine SMS auf meinem Handy. Sebastian Kurz bedankte sich – wieder genauso höflich wie bei unserer ersten Begegnung – für viele faire Gespräche und einen respektvollen Austausch trotz unterschiedlicher Positionen.

Nahezu zeitgleich kontaktierte mich mein Verleger Bernhard Salomon, dem nach dem jähen Ende dieser bemerkenswerten Karriere ein Buch vorschwebte, wie ich es 2015 gemeinsam mit Niki Lauda geschrieben hatte. Es hieß *Reden wir über Geld*. Er fragte: »Warum redest du mit Sebastian Kurz nicht über Politik?« Das reizte mich natürlich.

Zum Jahreswechsel 2021/2022 schlug ich dem Ex-Kanzler dieses Projekt vor. Er habe den 2019 verstorbenen Formel-1-Weltmeister und Flugunternehmer immer außerordentlich geschätzt, meinte Kurz und erbat sich Bedenkzeit. Am

Mittag des 24. Februar 2022, als gerade die ersten russischen Truppen in der Ukraine einmarschiert waren, sagte er zu.

Unsere Gespräche begannen am 6. März und endeten am 18. August. Insgesamt waren es 24, so viele, wie dieses Buch Kapitel hat. Meist fanden sie an Vormittagen in der Bar des Hotels Le Méridien am Burgring statt. Um diese Zeit war dort noch nicht so viel los. Wenn Kurz auf Reisen war, haben wir telefoniert. Seine Anrufe kamen aus Abu Dhabi, Tel Aviv und Los Angeles. Manchmal hörte ich im Hintergrund »Last Calls« aus Flughafen-Lautsprechern, dann wieder die Stimme seines kleinen Sohnes und Vogelgezwitscher aus einem Garten.

Die Themenblöcke legten wir jeweils im Vorhinein fest. Uns war beiden wichtig, immer gut vorbereitet zu sein.

Seine Sprache war mir aus meiner journalistischen Arbeit vertraut. Präzise Formulierungen, immer wiederkehrende Botschaften perfekt kommuniziert, den Blickwinkel stets auf das ihm wesentlich erscheinende große Ganze gerichtet. Ihm hingegen war meine Liebe zu Details wohlbekannt und wenn er sich wieder einmal nicht an einen speziellen Moment erinnern konnte, dann waren wir uns schnell einig, dass wir in diesem Punkt wohl nie zusammenfinden würden.

Was macht den Politiker und Menschen Sebastian Kurz aus?

Aus seinen Erzählungen kristallisierte sich für mich immer mehr heraus, dass er eine Form von Unverletzlichkeit entwickelt haben muss, die es ihm ermöglicht, seine Ziele fokussiert und vollkommen unbeeinflusst von Emotionen zu verfolgen. Dies zeigte sich unter anderem deutlich, nachdem der Nationalrat im Mai 2019 erstmals in der Geschichte der Zweiten Republik eine Regierung abgewählt hatte: In den Reihen der ÖVP flossen die Tränen, während Sebastian Kurz unberührt und freundlich winkend das Hohe Haus verließ. Sieben Monate später kam er als Bundeskanzler noch einmal, noch stärker für zwei Jahre zurück.

Während der Zeit, in der dieses Buch entstand, tauchte immer wieder das Bild des »Corpo Fechado« vor meinen Augen auf. Es stammt aus afrobrasilianischen Religionen und beschreibt einen Zustand, in dem der »verschlossene Körper« mithilfe von Ritualen unverwundbar werden soll. Ähnlich wie bei Kampfsportlern, die sich in einen Zustand versetzen können, in dem sie sogar Schmerzen ausblenden. So habe ich auch Sebastian Kurz erlebt: Stets das Ziel vor Augen, hoch konzentriert, sein Innenleben schützend zeigte er scheinbar niemals Schwäche.

Und so ist es kein Zufall, dass das erste Kapitel dieses Buches von Niki Lauda handelt. Auch er war ein extrem fokussierter Mensch mit »null« Emotionen, wie er selbst gern betonte, aber einem unzerstörbaren Willen, zu überleben. Im Cockpit eines Ferrari Angst oder Gefühle zu empfinden, hätte den Tod bedeuten können.

Dieser Niki Lauda machte Sebastian Kurz Mut, in die Politik zu gehen. Mut auch, nach seinem Rückzug aus der Spitzenpolitik als Unternehmer neu zu starten.

Bücher über Sebastian Kurz gibt es viele. In diesem Buch legt der ehemalige Kanzler erstmals seine Sicht der Dinge dar. Meine Rolle war die der Zuhörerin. Meine journalistische Aufgabe war es, seine Positionen zu erfragen und seine Gedanken möglichst präzise festzuhalten.

Reden wir über Politik ist natürlich kein Schlussstrich, es ist lediglich eine Zwischenaufnahme. Das Lebensbuch – möglicherweise mit anderen Fragestellungen – über Sebastian Kurz wird später geschrieben werden.

Wien, am 9.9.2022
Conny Bischofberger

1

FRÜHSTÜCK MIT
NIKI LAUDA

*»Bei unseren Gesprächen
ging es immer wieder um Risiko.
Welches Risiko soll man eingehen,
welches nicht?«*

1976, als Niki Lauda den Feuerunfall auf dem Nürburgring überlebt hat, war ich noch gar nicht auf der Welt. Meine ersten Erinnerungen an ihn sind mit dem Flugzeugabsturz über dem Dschungel von Thailand verknüpft. Dort stürzte 1991 eine Boeing 767-300 der Lauda Air ab. Alle Passagiere und Crewmitglieder an Bord starben.

Ich habe noch immer dieses Bild im Kopf, auf dem Niki Lauda das unwegsame Gelände nördlich von Bangkok nach Wrackteilen seiner Maschine durchforstet. Das rote Kapperl, sein entschlossener Blick. Da stellt sich ein Mensch als Unternehmer der größten denkbaren Katastrophe. Da muss jemand, der 15 Jahre davor selbst fast verbrannt wäre, zur Kenntnis nehmen, dass 223 Menschen das Unglück nicht überlebt haben. Und als Chef der Airline trägt er dafür die Verantwortung.

Im Mai 1991 war ich noch nicht einmal fünf Jahre alt und ich kann daher nicht genau zuordnen, ob ich dieses Bild schon mit fünf oder erst mit zehn Jahren gesehen habe.

Eindrücke speichert man nicht unbedingt chronologisch. Es gibt auch viele schöne Bilder und Momente, an die ich mich heute im Zusammenhang mit Niki Lauda erinnere, aber die Bilder des Absturzes sind jene, die sich am stärksten eingeprägt haben. Weil sie zeigen, wie schnell eine Katastrophe alles ändern kann. Besonders für die Angehörigen der 223 Toten.

Wie ich erst viel später erfahren habe, wurde Niki Lauda am späten Abend des 26. Mai von der ORF-Moderatorin Danielle Spera telefonisch über das Unglück informiert. Er fuhr sofort zum Flughafen, um einen Notfallplan zu machen. Es waren schon Journalisten dort und es riefen Angehörige an. Niki Lauda wusste zu diesem Zeitpunkt noch gar nicht, was genau passiert war und vor allem warum. Am nächsten Morgen flog er selbst nach Thailand zur Unfallstelle.

Diese Geschichte beweist, mit welcher Entschlossenheit Lauda auch in größten Krisen gehandelt hat. Er kommunizierte immer direkt und klar. Er hat sich nie versteckt oder verstellt. Und er war mutig. Diese Haltung war beeindruckend.

Persönlich habe ich Niki Lauda viele Jahre später, als ich schon Außenminister war, an einem Abend am Pogusch in der Steiermark kennengelernt. Wir haben uns relativ schnell sehr gut verstanden, waren gleich per Du und sind seither in Kontakt geblieben. Im Advent 2014 ist er überraschend bei der »Punsch & Maroni«-Weihnachtsfeier meines Teams auf der Wiener Freyung aufgetaucht. In der Folge haben wir uns dann regelmäßig zum Frühstück getroffen.

Der Ort sowie der Ablauf waren jedes Mal genau gleich. Um acht Uhr morgens im Café Imperial am ersten Tisch links im hinteren Bereich, das war sein Stammplatz. Niki hatte meist schon gegessen, als ich kam. Sein Frühstück – Schnittlauchbrot, weich gekochtes Ei, gerissener Apfel mit Joghurt, dazu eine Melange – steht ja für immer auf der Speisekarte des legendären Ringstraßenhotels. Ich habe nie groß gegessen. Ich war vor allem dort, um diesem ganz großen Österreicher zuzuhören.

Niki Lauda war in vielen unterschiedlichen Bereichen sehr erfolgreich, konnte aber auch in einer einzigartigen Art und Weise mit Rückschlägen umgehen. Für mich war er ein charakterlich starker, integrer, direkter und dadurch begeisternder Mensch. Ich mochte ihn sehr und ich glaube, ohne dass das jetzt anmaßend klingen soll, er mochte mich auch.

Bei unserem ersten Treffen bin ich genau zum vereinbarten Zeitpunkt gekommen. Da saß Niki schon an seinem Tisch und ich hatte das Gefühl, pünktlich ist bei ihm schon fast zu spät. Beim zweiten Mal wollte ich ihn nicht warten lassen und war schon zehn Minuten früher da. Er saß trotzdem schon dort. Beim dritten Mal habe ich mir gedacht, jetzt schlag ich ihn in Sachen Überpünktlichkeit, und bin eine halbe Stunde vorher gekommen. Wieder saß er bereits da und wartete.

Ich war schon immer ein relativ pünktlicher Mensch. Aber nur, weil ich nicht unhöflich sein will. Niki Lauda aber war ein Zeitökonom. In kürzester Zeit das Maximum erreichen, das war nicht nur in der Formel 1 seine

Maxime. Unsere Treffen haben nicht viel länger als jeweils dreißig Minuten gedauert. Dann war alles gesagt. Trotz der knappen Zeit hat er mich und auch alle seine anderen Gesprächspartner immer viel mitnehmen lassen. Ich mochte diese präzise und direkte Art. Ohne Small Talk kam er immer gleich zum Punkt. Ich fand das angenehm. Nicht lange herumreden, sondern seine Meinung immer von Anfang an klar kundtun. Lange hadern oder zögern, aus Sorge, es könnte vielleicht nicht gut ankommen oder eine negative Konsequenz haben, bringt nichts. Was mich darüber hinaus mit Niki Lauda verbunden hat, war vielleicht eine gewisse Disziplin.

Bei unseren Gesprächen ging es immer wieder um Risiko. Welches Risiko soll man eingehen, welches nicht? Lauda wäre niemals dreifacher Formel-1-Weltmeister geworden, wenn er nicht in der Lage gewesen wäre, Risiken genau einzuschätzen. Das bewies er vor allem 1976 in Fuji: Beim Großen Preis von Japan hatte es in Strömen geregnet, die Sicht war praktisch null. Lauda stieg aus, obwohl der WM-Titel für ihn in greifbarer Nähe war. Seine Sicherheit war ihm wichtiger als der Sieg. Das hat mir großen Respekt abgerungen.

An einem kühlen Morgen im Jänner 2017 war ich wieder unterwegs zum Kärntner Ring 16 zu meinem rückblickend vielleicht wichtigsten Frühstück mit Niki Lauda. Der Bundeskanzler hieß damals Christian Kern, Vizekanzler und ÖVP-Obmann war Reinhold Mitterlehner. Es war die Phase, in der sehr viele – die Partei, ganz viele Unterstützer, viele Wegbegleiter, viele Wählerinnen und Wähler und auch die

Medien – bereits davon ausgingen, dass ich als Spitzenkandidat in die nächste Wahl gehen würde. So viel zum großen Geheimplan der Machtübernahme. Damals war überhaupt nichts geheim, fast alle haben gewusst, wie es um die Partei steht. Dass ich Obmann werden sollte, stand quasi fest, ohne dass ich es entschieden hatte. Das war ein einschneidendes Erlebnis für mich und ein merkwürdiges Gefühl. Zu wissen, dass etwas für andere bereits als fix galt, was für mich aber nicht fix war. Über meine Zweifel konnte ich nicht reden, denn Zweifel sind nicht unbedingt das, was man sich von einem Spitzenpolitiker erwartet. Ich hatte aber diese Zweifel. Ich habe mich gefragt, ob ich den Schritt an die Parteispitze wirklich machen soll, ob ich mich das wirklich trauen soll. Da war auch die Frage, ob ich es mir vielleicht gar nicht aussuchen kann, weil es ohnehin bereits entschieden ist. Das hat mich damals sehr beschäftigt und ich entschloss mich, Niki Lauda um Rat zu fragen.

Ich weiß nicht mehr, um wie viel früher ich an jenem Wintermorgen ins Imperial gekommen bin. Niki saß jedenfalls schon wieder an seinem Tisch und wartete auf mich. Diesmal war er es, der mehr zuhörte, als selber zu reden. Es war wohltuend, mit ihm ganz offen über mein Dilemma zu sprechen.

Als ich fertig war, fragte er knapp: »Wie hoch ist das Risiko?«

Ich überlegte kurz. Wenn man mit dem Führungsanspruch antritt, gibt es nur zwei Optionen: gewinnen oder verlieren. Das Risiko, gegen Christian Kern zu verlieren, schätzte ich als gering, auf etwa dreißig Prozent, ein.

»Die Chance auf einen Sieg ist also siebzig Prozent«, meinte Niki. »Ganz klar. Mach es!«

Nach einer kurzen Pause sagte er noch etwas anderes, das ich sehr schön fand: »Und wenn du es machst, dann werde ich dich unterstützen.«

Er hat mich nicht nur gewählt, sondern auch andere ermutigt, das zu tun – und das sogar öffentlich. Das hat mich wirklich berührt, weil Lauda um Politik immer einen großen Bogen gemacht und sich nie dafür hergegeben hat, eine bestimmte Partei zu unterstützen.

Niki blieb während meiner Zeit als Bundeskanzler stets ein Vorbild für mich. In einem Rennauto fast zu verbrennen und sich dann wieder ins Cockpit zu setzen und ein drittes Mal Weltmeister zu werden, ist eine unvorstellbare Leistung. Sein Spruch, dass extreme Erfahrungen einen auch extrem weiterbringen, ist, denke ich, wahr.

Niki Lauda starb 2019, drei Tage nach Bekanntwerden des Ibiza-Videos. Damals kontaktierte mich Birgit Lauda. Sie fragte mich, ob ich beim Requiem im Stephansdom eine kurze Rede halten könnte. Laudas Begräbnis fand zwei Tage nach der Abwahl der türkis-blauen Regierung im Parlament statt.

Mein Team hat die zwei DIN-A4-Blätter mit den handschriftlichen Notizen zur Rede, zusammen mit dem Programmheft der Totenmesse, bis heute aufbewahrt. Dort stehen folgende Stichworte: »Willensstärke«, »Schicksalsschläge«, »Vorbild«, »Freund«. Bei der Verabschiedung am Sarg wurde John Lennon gespielt: »Imagine there's no heaven, It's easy if you try, No hell below us, Above us, only sky.« Am 20. Mai 2019 ist ein ganz großer Österreicher von uns gegangen. Niki Lauda hat vielen Menschen Kraft gegeben. Auch mir.

2

DAHEIM

»Daheim sein bedeutet für mich, den Anzug abzulegen und Zeit mit der Familie oder mit meinen engsten Freunden zu verbringen.«

Sebastian Kurz, geboren am 27. August 1986, Einzelkind. Die Mutter ist Deutsch- und Geschichtslehrerin, der Vater Ingenieur bei Philips. Aufgewachsen in einer Wohnanlage mit 14 Stiegen in Wien-Meidling. Der Jugendforscher Bernhard Heinzlmaier beschreibt den ehrgeizigen Jungpolitiker später fälschlicherweise so: »Sebastian Kurz verkörpert den Typus des mit dem goldenen Löffel im Mund aufgewachsenen Hietzingers.« Wien-Hietzing gilt als elitärer Nachbar des Arbeiterbezirks Wien-Meidling.

Als Kind habe ich nie erlebt, dass das Geld knapp war, aber es wurde auch nicht leichtfertig ausgegeben. An goldene Löffel kann ich mich schon gar nicht erinnern. Ich bin in Wien in den Kindergarten und in die Schule gegangen, aber die Sommerferien und auch viele Wochenenden habe ich auf dem Bauernhof meiner Großeltern in Zogelsdorf im niederösterreichischen Waldviertel verbracht. Dort gab es alles, was zu einem Bauernhof dazugehört: Katzen, Hasen und einen Zwergziegenbock. Und natürlich einen Hund.

Geschwister hatte ich zwar keine, aber eine große Verwandtschaft und viele Freunde. Ich habe es geliebt, gemeinsam mit anderen unterwegs zu sein. Das hat mich geprägt. Bis heute bin ich jemand, der nur in Teams funktioniert, und das Schlimmste wäre, wenn ich mich als Einzelkämpfer durchs Leben schlagen müsste.

Zogelsdorf im Waldviertel ist eine von zehn Katastralgemeinden von Burgschleinitz-Kühnring im Bezirk Horn, Niederösterreich. Der Ort ist nur 3,5 Quadratkilometer groß und zählt 158 Einwohner. Die Großeltern von Sebastian Kurz besitzen hier einen Bauernhof, auf dem der spätere Bundeskanzler viele Wochenenden und Sommerferien verbringt. Die Mutter beschreibt ihren Sohn als »ausgesprochen lebhaft, immer in Bewegung« – kleine Unfälle und aufgeschlagene Knie inklusive.

Wenn meine Mutter unseren kleinen Konstantin heute sieht, sagt sie, sie wünscht uns nicht, dass er in dieser Hinsicht nach mir gerät. Und ich denke mir manchmal, mich würde der Schlag treffen, wenn Konstantin sich an einen Schäferhund dranhängt und sich von ihm durch den Garten schleifen lässt, so wie ich es als Kind geliebt habe.

Mein Vater hat in einer sehr liebevollen Art und Weise versucht, mir Technik näherzubringen, indem er mir oft Bastelspielzeug geschenkt hat. Einmal brachte er eine Werkbank nach Hause, daran kann ich mich noch gut erinnern. Er wollte mich in die Welt der Technik einführen.

Mir ist stets eine große Bewunderung für alle jene Menschen geblieben, die handwerklich oder technisch begabt sind, auch wenn bei mir der Funke leider nie so recht übergesprungen ist. Ich habe gelernt, zu akzeptieren, dass mir dieses Talent einfach fehlt.

Meine Mutter, die Lehrerin war, hat mich sehr gefördert, mir viel vorgelesen und mir vor allem ein Interesse für Sprachen, Geschichte und die Welt mitgegeben. Sie war im Erziehungsalltag präsenter, trotzdem hatte ich immer zu beiden Eltern ein enges Verhältnis.

Ich habe eine ganz normale öffentliche Schule im 12. Bezirk besucht, mit sehr engagierten Lehrern. Wir waren eine kleine, eingeschworene Klassengemeinschaft, hatten sehr viel Spaß und lernten trotzdem. Soweit ich weiß, hat jeder von uns seinen Weg gemacht.

Alles in allem bin ich sehr liberal aufgewachsen. Seit ich selbst Vater bin, weiß ich, dass das keineswegs selbstverständlich ist. Ich habe sowohl meine Mutter als auch meinen Vater immer als hundertprozentig unterstützend erlebt. Sie haben mir vertraut und mir viele Freiheiten eingeräumt. Verboten war eigentlich kaum etwas, aber das war ihre Erziehungsmethode, mir auf diese Art und Weise Verantwortungsbewusstsein zu lehren.

Meine Eltern sind heute für mich ein Vorbild bei der Erziehung unseres Sohnes. Wenn es gelingt, dass er genauso unbeschwert und trotzdem behütet aufwächst, dann wäre ich sehr zufrieden. Auch als ich sehr früh begonnen habe, abends auszugehen, nahmen meine Eltern das mit einer gewissen Gelassenheit zur Kenntnis.

Ich wurde zwar nicht streng katholisch erzogen, aber der Glaube war und ist dennoch für mich sehr oft Anker, Triebfeder und Kompass. Gerade in schwierigen Situationen meines Lebens konnte ich auch durch den Glauben immer wieder die Kraft schöpfen, weiterzumachen und nach vorne zu schauen. Für meine Zeit in der Politik war der Glaube auch Inspiration und hat mir Leitlinien für das politische Handeln gegeben. Ich bin der festen Überzeugung, dass der Zusammenhalt unserer Gesellschaft erst dann stark ist und funktioniert, wenn man auch seine Religion ohne Unterdrückung und Verfolgung frei ausüben kann, was leider immer noch in vielen Teilen der Welt nicht der Fall ist. Mir war es dann als Regierungsmitglied immer wichtig, den Kontakt zu den Religionsgemeinschaften und Vertretern der unterschiedlichen Religionen im In- und Ausland zu halten.

Während meiner Amtszeit hatte ich auch die Gelegenheit, Papst Franziskus zweimal bei einer Privataudienz zu erleben. Es war mir aber auch besonders wichtig, zu den anderen Vertretern der Religionsgemeinschaften gute Kontakte zu pflegen. So traf ich während meiner Amtszeit unter anderem den Dalai Lama oder auch den ökumenischen Patriarchen von Konstantinopel, Bartholomäus I. Daheim in Österreich hat mir immer wieder der Austausch mit Persönlichkeiten der katholischen Kirche wie Kardinal Christoph Schönborn, Peter Schipka von der Österreichischen Bischofskonferenz, Vorarlbergs Bischof Benno Elbs, dem Bischof von St. Pölten Alois Schwarz, Abt Columban und Prior Maximilian vom Stift Göttweig, Dompfarrer Toni Faber oder vielen anderen ein Stück weit Entschleunigung und Besinnung in dem von Hektik und Aufregung gefüllten Politalltag gebracht.

In meinem Büro im Kanzleramt hing zwischen den Bildern von Leopold Figl und Bruno Kreisky stets ein kleines Kreuz. Dieses Kreuz begleitete mich seit meinem ersten Tag als Staatssekretär und hängt heute auch in meinem neuen Büro.

Abseits von Glaube, Familie und Freunden ist vor allem der Sport bis heute, gerade in herausfordernden Phasen, ein wichtiger Ausgleich geblieben. Ich kann Gott sei Dank mit wenig Schlaf auskommen und nächtelang durcharbeiten, solange dann ab und zu mal Zeit für eine Radtour, Laufen oder Bergsteigen ist.

Apropos Bergsteigen: Eine Bergtour erinnert mich immer daran, wie hart und unvorhersehbar ein Weg manchmal sein kann. Es gibt Markierungen am Weg, aber sonst keine Vorgaben. Manchmal sieht man das Gipfelkreuz schon aus dem Tal und manchmal bleibt das Ziel lange im Verborgenen. Manche Wege sind beschwerlicher als gedacht, andere sind dann plötzlich doch halb so wild. Das Gefühl, den Gipfel zu erreichen, ist unvergleichlich. Aber man darf auch den Weg zurück ins Tal nicht unterschätzen.

Nach der Matura im Jahr 2004 leistet Sebastian Kurz den Grundwehrdienst beim Österreichischen Bundesheer ab. Als prägendes Erlebnis bezeichnet er als eines der wenigen privaten Themen, die der Politiker öffentlich macht, die Arbeitslosigkeit seines

Vaters. Am 23. Dezember 2005 verliert Josef Kurz
nach über dreißig Jahren Firmenzugehörigkeit im
Zuge einer Werksabsiedelung seinen Job bei Philips.
Einige Zeit später schafft er den Neueinstieg und ist
heute mit über siebzig noch immer berufstätig.

Nach dem Beginn des Studiums der Rechtswissenschaften
habe ich auch gleich begonnen, zu arbeiten. Das war mir
wichtig, weil ich gleich meinen eigenen Lebensunterhalt
verdienen wollte. Einen konkreten Berufswunsch hatte ich
damals noch nicht. Spitzenpolitiker zu werden, war jedenfalls nicht mein Plan.

Ich glaube, meine Freundin hätte sich einen entspann-
teren Weg und damit vielleicht ein einfacheres Leben gewünscht. Aber so, wie Susanne meinen Weg immer mitgetragen hat, so habe auch ich respektiert, dass sie im
Hintergrund bleiben will. Sie hat nie mediale Präsenz an-
gestrebt, das ist für mich auch gut nachvollziehbar. Aber
für einen Politiker gehört das dazu. Nachdem sich das Leben bei mir in diese Richtung entwickelt hat und die Verantwortung schrittweise immer größer geworden ist, sind
wir da ein Stück weit gemeinsam hineingewachsen.

Unser Privatleben haben wir auch weiter privat gehalten. Wir versuchen beide, den Alltag wie jedes andere normale Paar zu bewältigen. Dazu gehört auch, dass die Politik daheim wenig Platz hatte. Viele Politiker nutzen in der
Positionierung und zum Sammeln von Sympathiepunkten
die mediale Inszenierung in sogenannten »Homestorys«.
Politiker beim Kochen, Minister beim Einkaufen, Partei-

chefs beim Christbaumdekorieren. Diese Form der politischen Kommunikation kam für uns nie infrage. Medienanfragen zu »Was wird am Heiligen Abend gegessen?« oder »Wo und mit wem verbringen Sie Silvester?« mögen vielleicht für manche Medien interessant erscheinen. Für uns selbst waren es die uninteressantesten und mühsamsten Fragen zugleich.

Es war auch nie mein persönlicher Anspruch, meine politische Arbeit über das Leben zu Hause am Küchentisch zu definieren. So professionell und gewissenhaft ich meine Arbeit in allen politischen Funktionen immer angegangen bin, so wichtig war mir auch die wenige Zeit privat mit meiner Freundin und Familie in den eigenen vier Wänden ohne die Scheinwerfer der Öffentlichkeit. Damit sind wir bis heute sehr gut gefahren und konnten somit unsere wenige gemeinsame Zeit auch sehr gut für uns nutzen.

Der *Falter* hat meine Freundin auf seinem »Best of Böse«-Cover als nackte Muttergottes gezeigt und der Presserat, der von der ehemaligen SPÖ-Justizministerin Maria Berger geleitet wird, sah dies als medienethisch zulässig an. Ich habe viel erlebt und darum bringt mich so schnell nichts aus der Fassung, aber Familienmitglieder, die noch dazu nicht politisch tätig sind und sich nie politisch zu Wort gemeldet haben, in eine politische Auseinandersetzung hineinzuziehen, ist meiner Ansicht nach nicht notwendig. Durchaus bemerkenswert finde ich es jedenfalls, dass oftmals diejenigen, die sich selbst als besonders korrekt, feministisch und moralisch überlegen sehen, immer wieder gewisse Grenzen überschreiten.

Susanne war es letztlich egal, mir auch und mehr Energie wollten wir der Sache nicht schenken. Wir haben uns damals so sehr über die Geburt unseres Sohnes gefreut und wollten unsere ohnehin recht kostbare private Zeit in erster Linie mit ihm verbringen. Das hat auch mit seelischer Hygiene zu tun. Je unsachlicher die Kritik, desto weniger Sinn macht es, sich damit zu beschäftigen. Dem Negativen soll man keine Energie geben, das war unser Zugang.

Das erste und einzige Mal, dass mich Susanne im Bundeskanzleramt besucht hat, war jener Tag, an dem sie mir mitgeteilt hat, dass wir Nachwuchs erwarten. Zunächst dachte ich, es muss etwas Schreckliches passiert sein, jedenfalls etwas sehr Wichtiges, weil sie plötzlich in meinem Büro stand. Gott sei Dank hat sich nur bestätigt, dass es sehr wichtig war, denn sie strahlte über das ganze Gesicht. Es war ausschließlich Freude, die ich sofort ebenfalls empfunden habe.

Unser Sohn wurde am 27. November 2021 geboren. Ich muss gestehen, dass ich anfangs gezögert habe, bei der Geburt dabei zu sein, aber meine Freundin hat das nicht lange mit mir diskutiert. Ich war dann auch gerne dabei und es ist glücklicherweise alles sehr schnell und unproblematisch verlaufen. Bereits die erste Nacht gemeinsam mit dem kleinen Baby war großartig.

Kinder zu bekommen, ist immer auch ein Ausdruck von Optimismus und Lebensfreude. Mit all diesen Weltuntergangstheorien und Schreckensszenarien kann ich überhaupt nichts anfangen. Pessimismus und Verzweiflung helfen uns nicht weiter. Und wenn man sich die Entwicklung unserer Welt objektiv anschaut, dann kann man nur zu einem Ergebnis kommen: Sie entwickelt sich trotz Rückschlägen stetig in die richtige Richtung.

Diese Welt beschreibt auch der israelische Historiker und Denker Yuval Noah Harari in *21 Lektionen für das 21. Jahrhundert*. Er zeichnet darin das große Bild der Menschheit mit all den Veränderungen, die wir derzeit erleben, und wie wir damit umgehen können. Kurz nennt Harari in Interviews immer wieder als einen seiner Lieblingsautoren. Er hat ihn auch mehrmals getroffen.

Global betrachtet wird die Lebensqualität immer höher, die medizinische Versorgung immer besser, die Möglichkeiten generell werden immer mehr. Daher bin ich für Konstantins Leben sehr optimistisch. Vielleicht wird er ja auch einmal Biobauer. Der Bauernhof inklusive Landwirtschaft wäre jedenfalls schon vorhanden.

Apropos Bauernhof: Meine Oma ist Ostern 2022 verstorben. Es ist ihr in den Jahren davor kontinuierlich schlechter gegangen, aber sie hat gegen ihre Beschwerden angekämpft und sich tatsächlich immer wieder etwas erholen können. Irgendwann ist der Tod unaufhaltsam. Meine Mutter hat sich bis zuletzt liebevoll um sie gekümmert. So konnte sie auf dem Bauernhof bleiben und ist dort mit 93 friedlich eingeschlafen. Wenn man selbst Vater wird und ein naher Angehöriger verstirbt, dann verändert das den

Blick auf so vieles. Man sieht den Kreislauf des Lebens plötzlich so klar. Leben erlischt und gleichzeitig entsteht auch immer wieder neues Leben.

3

WIE ALLES BEGANN

*»In der Spitzenpolitik kann die Nachricht gar
nicht so uninteressant sein, dass sie nicht trotzdem
noch mediale Aufmerksamkeit generiert.«*

2003 stellt sich ein 17-Jähriger bei der Jungen ÖVP
in Wien-Meidling vor. Bereits fünf Jahre später ist
er Obmann der Jungen ÖVP in Wien und wird 2009
mit 99 Prozent der Delegiertenstimmen zum Bundesobmann gewählt. Bei seiner Wiederwahl erhält
er sogar hundert Prozent der abgegebenen Stimmen.
Unter Obmann Sebastian Kurz erlebt die Junge
Volkspartei einen ungeahnten Zulauf. Mit ihren
türkisen T-Shirts und ihrer Begeisterung sind seine
jungen Fans später auf Parteiveranstaltungen die
wichtigsten Begleiter.

Was ist gut oder schlecht für ein Land? Diese Frage hat
mich schon während meiner Schulzeit beschäftigt. Die
Auseinandersetzung mit politischen Strömungen, mit unterschiedlichen Blickwinkeln auf die Welt empfand ich als
faszinierend. Das war der Beginn für mein Interesse an der
Politik. Ich wollte nie hauptberuflich Politiker werden oder
einer politischen Partei beitreten. Ich habe einfach die Beschäftigung mit politischen Themen genossen. Es war wesentlich interessanter und tiefer gehend, sich selbst ein-

zubringen, als sich damit nur theoretisch zu beschäftigen und Bücher darüber zu lesen.

Vom politischen Spektrum her kam für mich von Anfang an nur die Volkspartei infrage. Warum? Mir waren Grundwerte wie Freiheit, Eigenverantwortung, Leistungsbewusstsein und Solidarität, also klassisch bürgerliche, christlich-soziale Zugänge, einfach sehr wichtig. So bin ich von meinen Eltern erzogen worden, so bin ich familiär geprägt, insofern musste ich darüber nicht nachdenken. Oft machen Jugendliche in der Pubertät aus Protest ja genau das Gegenteil von dem, was ihnen von zu Hause mitgegeben wurde. Das war bei mir nicht so, weil ich meine Eltern immer als positives Beispiel erlebt habe. Wenn es jemandem schlecht gegangen ist, dann haben sie versucht, zu helfen. Wenn jemandem Unrecht geschehen ist, dann haben sie sich eingesetzt. So haben sie ihren Beitrag für die Gesellschaft geleistet. Das erschien mir immer richtig, auch für mein eigenes Leben.

Journalisten haben mir später immer wieder diese eine Frage gestellt: »Was war der Moment, in dem Sie beschlossen haben, Politiker zu werden?« Aber diesen Moment gab es nicht. Es gab auch nicht ein großes Thema, gegen das ich mich unbedingt engagieren wollte, so wie viele Junge im linken Spektrum damals gegen die schwarz-blaue Regierung auf die Straße gegangen sind, weil sie diese Koalition als so böse empfunden haben. So ein Feindbild gab es bei mir nicht. Ich wollte eher Konstruktives beitragen, als gegen etwas zu sein.

Und so habe ich schließlich begonnen, mir die Junge ÖVP in meinem Heimatbezirk anzuschauen. Aber so einfach war das gar nicht. Als ich bei der Bezirksgruppe Meidling anrief und fragte, ob ich mal vorbeikommen könnte, kam die verlegene Antwort, ja schon, aber sie seien doch alle deutlich älter. Auf die Antwort »Na gut, dann komme ich dazu und dann sind wir im Schnitt schon jünger« meinten sie, dass sie eigentlich auch nicht so viele seien. Auf meinen Vorschlag hin, einen Teil meines Freundeskreises mitzunehmen, meinten sie dann abschließend, dass sie sich eigentlich auch fast nie treffen. Als dann zum Abschluss des Telefonats der Vorschlag kam, ein paar Jahre zu warten und mich dann wieder zu melden, verwarf ich die Idee wieder, mich politisch zu engagieren.

Durch Zufall habe ich ein paar Monate später beim Tennisspielen jemanden getroffen, der in der Jungen ÖVP Niederösterreich aktiv war. Als er sich meine skurrile Geschichte angehört hatte, schüttelte er nur den Kopf. »Melde dich doch bei der JVP im ersten Bezirk«, empfahl er mir, dem Ganzen noch mal eine Chance zu geben. So geriet ich an die Junge ÖVP Innere Stadt. Obmann war Markus Figl, der spätere Bezirksvorsteher der Inneren Stadt. Er hat mich damals sehr geprägt, weil er junge Menschen auf eine besondere Weise für Regionalpolitik begeistern konnte. Monatelang bin ich immer wieder zu Veranstaltungen gegangen, ohne vorerst noch Mitglied zu sein oder einen großen Plan zu verfolgen. Aber dann ist es plötzlich sehr schnell gegangen. Ich wurde Mitglied und begann, mich mehr und mehr ehrenamtlich zu engagieren.

Es hat vor allem ein Projekt gegeben, das mich fasziniert hat. Es hieß »Ungehindert leben«. Da ging es um die Frage, wie Menschen mit unterschiedlichen Behinderungen ihren Alltag erleben. Wie erlebt ein Gehörloser, ein Blinder oder jemand im Rollstuhl den öffentlichen Raum? Welche Kleinigkeiten können die Situation von behinderten Menschen verbessern, ihr Leben leichter machen? Im erweiterten Freundeskreis kannte ich auch behinderte Menschen, aber das hat mir nicht in derselben Art die Augen geöffnet. Nur weil man jemanden mit einer Behinderung kennt, heißt das noch lange nicht, dass man auch in seine Welt eintauchen kann. Die Beschäftigung mit diesen Fragen war sehr interessant und ich konnte viel mitnehmen, das ich in der Schule in dieser Form nie gelernt hätte. Zum ersten Mal hatte ich das Gefühl, im Kleinen etwas Positives zu einem wichtigen Thema beizutragen.

Was ich als wirklich großartig empfunden habe, und das kann man als Gesellschaft gar nicht genug wertschätzen, ist, wie viele junge Menschen es gibt, die sich ehrenamtlich engagieren. Nicht nur in der Jungen ÖVP, sondern auch in vielen anderen Organisationen. Es gibt ja diesen Spruch: »Nichts schlägt so stark wie das Herz eines Freiwilligen.« Und genau so habe ich das damals erlebt. Die Qualität und den Einsatz, den Ehrenamtliche einbringen, kann man sich mit keiner bezahlten Truppe der Welt kaufen. Ich habe aus diesem Grund auch bis heute eine sehr starke Bindung zu meiner Organisation, also der Jungen ÖVP, weil ich mich immer wieder freue, wie viele Talente dort nachkommen und sich, so wie ich, ohne Absicht, ohne einen Vorteil, aber mit ganz viel Energie einbringen. Und vor allem, mit welcher Leidenschaft und Energie debattiert wird.

Wie jede politische Jugendorganisation hätten wir uns damals ein bisschen mehr Aufmerksamkeit für unsere Ideen gewünscht. Selbst wenn Ideen von Jugendorganisationen oder anderen ehrenamtlichen Organisationen gut sind, werden sie selten aufgegriffen. Ich werde zum Beispiel die Debatte am Parteitag 2015 zum Mehrheitswahlrecht nie vergessen. Wir haben uns damals einen Schlagabtausch geliefert. Die Positionen zwischen »Jungen« und »Alten« hätten unterschiedlicher nicht sein können. Seniorenbundobmann war damals Andreas Khol, den ich für seine Ratschläge über all die Jahre bis heute immer sehr geschätzt habe, auch wenn es wie in diesem Fall naturgemäß zwischen Seniorenbund und JVP unterschiedliche inhaltliche Positionen gab.

In der Spitzenpolitik ist es dafür so: Da kann die Nachricht gar nicht so uninteressant sein, dass sie nicht trotzdem noch mediale Aufmerksamkeit generiert. Da macht oft auch absoluter Nonsens Schlagzeilen, während Jugendorganisationen es mit ihren teilweise sogar ganz guten Ideen nicht in die Medien schaffen. Damit hatten auch wir zu kämpfen.

Kurz vor der Wiener Gemeinderatswahl 2010 fährt ein schwarzer Hummer durch die Stadt. Im »Geilomobil« sitzt der damalige 24-jährige Obmann der Jungen ÖVP. Der Slogan lautet: »Schwarz macht geil«. Dazu werden Kondome verteilt. Die Junge ÖVP setzt sich zu dieser Zeit auch für »24 Stunden Verkehr« in Wien ein. SP-Bürgermeister Michael Häupl führt eine Volksbefragung zum Thema Nacht-

U-Bahn durch und setzt die Forderung der JVP noch vor der Wahl im Oktober um.

Bis heute wird gern behauptet, das »Geilomobil« wäre meine große Jugendsünde gewesen. So eine große Sünde war es aber gar nicht. Auf die Umsetzung der Nacht-U-Bahn als ersten kleinen politischen Erfolg bin ich nach wie vor stolz.

Rückblickend gesehen waren unsere damaligen Kampagnen gewiss nicht besonders gut, auch wenn sie Aufmerksamkeit generiert haben. Interessant finde ich jedoch vor allem, wie lange Kampagnen, Aktionen oder das eine oder andere Foto im medialen Gedächtnis bleiben können. Sogar Medien wie das deutsche Nachrichtenmagazin *Der Spiegel* haben fünf oder zehn Jahre später noch immer über das Geilomobil berichtet. Mich hat verwundert, welche Relevanz die Kampagne einiger Zwanzigjähriger in Wien für die Leser eines politischen Magazins in Deutschland haben konnte.

Ich glaube, dass es bei manchen Medienschaffenden oftmals eine besondere Gabe gibt, auf das Unwesentliche zu fokussieren, und eine unglaubliche Liebe, gerade in Österreich, sich dann auch noch ausschweifend mit dem Unwesentlichen zu beschäftigen. Das beginnt bei Äußerlichkeiten wie zum Beispiel, ob jemand eine Krawatte oder Turnschuhe trägt, ob Pressekonferenzen im Sitzen oder im Stehen stattgefunden haben, ob dabei schnell oder langsam gesprochen wurde. Und endet oft bei Geschichten, die ganz einfach nicht den Tatsachen entsprechen.

Ich muss zugeben, dass ich fast Verachtung für die Reduktion auf Äußerlichkeiten entwickelt habe. Für mich selbst habe ich früh die Entscheidung getroffen, möglichst viel Nonsens von mir fernzuhalten. Frei erfundene Geschichten habe ich weder gelesen noch mich damit beschäftigt und habe auch mein Team gebeten, mir nicht darüber zu berichten. Debatten über Äußerlichkeiten habe ich im Regelfall nicht einmal mitbekommen. Das hat mir extrem gutgetan, weil es mir viel Zeit erspart hat, die ich für wesentlichere Dinge nutzen konnte.

4

PLÖTZLICH POLITIKER

»Spätestens wenn man an der Spitze steht,
wird einem klar: Man kann nicht von allen
gewählt und geliebt werden.«

Ab 2008 regiert Werner Faymann (SPÖ) mit Josef Pröll (ÖVP) das Land. Als der ÖVP-Chef, Finanzminister und Vizekanzler im April 2011 nach einem Lungeninfarkt zurücktritt, wird Michael Spindelegger Vizekanzler. Er holt den 24-jährigen Sebastian Kurz als Integrationsstaatssekretär in die Regierung. Es ist angesichts seines jungen Alters eine sehr mutige Personalentscheidung und der Beginn einer neuen Ausländerpolitik in der christlich-sozialen Volkspartei.

Von Alfred Gusenbauer ist überliefert, dass er schon im Sandkasten Bundeskanzler werden wollte. Vielleicht ist das auch nachträglich konstruiert worden und hat gar nicht gestimmt. Bei mir war es umgekehrt. Ich wollte nie Politiker werden.

Mein politisches Engagement bei der Jungen ÖVP hat mir sehr viel Freude gemacht und ich hatte auch nicht vor, irgendwann damit aufzuhören. Aber Politik als Job, das war für mich definitiv ausgeschlossen. Schon gar nicht wollte ich in eine Abhängigkeit gegenüber der Politik geraten.

Als mich der damalige ÖVP-Obmann, Außenminister und spätere Vizekanzler Michael Spindelegger im Frühjahr 2011 angerufen hat, war ich 24 und habe noch studiert. Ob ich mir vorstellen könnte, Staatssekretär für Integration im Innenministerium zu werden, wollte er wissen. Meine erste Reaktion damals war: »Das kann nicht funktionieren. Das Studium noch nicht fertig, viel zu jung, die Medien werden mich hinrichten! Ich kann das nicht machen.« Spindelegger hat das nicht sehr beeindruckt. Er meinte: »Du kannst ja ein paar Stunden darüber nachdenken.« Und während ich beginnen wollte, darüber nachzudenken und ein paar Leute zu fragen, wie sie es sehen, ging die Nachricht auch schon online und Michael Spindelegger meinte schmunzelnd: »Blöd, jetzt ist es draußen. Insofern gibt es eh kein Zurück mehr.«

Ich habe innerparteilich dann noch versucht, zu erklären, dass es keine gute Idee sei. Maria Fekter, sie war damals noch ÖVP-Innenministerin, meinte, so schlimm werde es medial schon nicht werden. Leider habe ich recht behalten, es war furchtbar. Ein verdammt harter Start mit viel medialem Gegenwind. Und trotzdem bin ich Michael Spindelegger bis heute dankbar, diese Chance bekommen zu haben. Wahrscheinlich habe ich in dieser für mich härtesten Phase auch am meisten gelernt.

Ich kann mich noch gut an eines meiner ersten Interviews als Staatssekretär erinnern. Der Fotograf wollte die Fotos unbedingt vor dem Innenministerium am Wiener Minoritenplatz machen, da sei das Licht besser. Und auch wenn ich es lieber schnell in meinem Büro abgewickelt hätte, schon wissend, wie das enden würde, war ich dann doch nachgiebig und stand, wie der Fotograf es wollte, am Vorplatz. Und kaum hatte der Fotograf sein Equipment aufgebaut, spazierte auch schon eine ältere Dame vorbei. Als sie mich erblickte, rief sie herüber: »Jetzt machen Sie erst mal die Matura! Wahrscheinlich sind Sie noch nicht einmal gefirmt!« Als dann ein anderer Passant im Vorbeigehen demonstrativ auf den Boden gespuckt hat, um seine Verachtung zu zeigen, hatte der Fotograf schließlich ein Einsehen und meinte großzügig, so gut sei das Licht am Minoritenplatz doch nicht und wir könnten gerne die weiteren Bilder im Gebäude erledigen.

Damals habe ich erste Erfahrungen gesammelt, wie leichtfertig auch sogenannte Qualitätsmedien Fake News, Erfundenes, Gerüchte oder wie immer man es nennen möchte, als Fakten verkaufen. Wie leicht aus Lüge Wahrheit und aus Wahrheit Lüge werden konnte. Als ich zum Beispiel noch keinen einzigen Tag im Amt war, ist ein großer Bericht über mich in den *Salzburger Nachrichten* erschienen, in dem mich ein Experte als Person der Oberschicht bezeichnet und mein Leben in Hietzing beschreibt. Zur besseren Charakterisierung fallen dann auch noch Begriffe wie »Reiten«, »Golf«, »Opernball« und »Prosecco«, um zu vermitteln, ich wäre in einem elitären Umfeld aufgewachsen. Ich bin im Arbeiterbezirk Meidling aufgewachsen, habe noch nie in Hietzing gelebt. Hatte alles andere als eine elitäre Kindheit, habe meine Schulzeit an einer öffentlichen Schule verbracht. Weder spiele ich Golf noch war ich jemals in einem Pferdestall, geschweige denn auf einem Pferd.

Ich persönlich bezweifle, dass solche Schlagzeilen immer Recherchefehler sind. Manchmal habe ich den Eindruck, dass es darum geht, ein ganz bestimmtes Bild von jemandem zu zeichnen. Was nicht passt, wird passend gemacht.

Apropos Bild: Es ist ja in Ordnung, wenn politische Beobachter und Journalisten beschreiben, wie ein Politiker sich artikuliert, Dinge erklärt, von mir aus auch, wie er aussieht. Aber Thesen in den Raum zu stellen, warum ein Politiker sich gewissen Themen widmet, sich so ausdrückt, wie er sich ausdrückt, oder gewisse Worte wählt, ohne im Entferntesten in diesen Menschen hineinschauen zu können, fand ich zumeist alles andere als treffsicher und zugegebenermaßen immer wieder auch absurd. Als dann sogar Bücher entstanden über die Kurz-Rhetorik und von »Experten« erklärt wurde, warum ich dieses oder jenes tat oder nicht tat, dachte ich mir immer wieder: Wahnsinn, was man ungestraft einfach so behaupten kann.

Ich habe mich selbst noch nie sonderlich mit Rhetorik beschäftigt und habe auch all die Seminare, die es dazu im Angebot gibt, eher kritisch gesehen. Mein einziges diesbezügliches Erlebnis ist bekannt: Ich war auf der Politischen Akademie bei einem Training, das der spätere NEOS-Chef Matthias Strolz geleitet hat. Sein genereller Ratschlag an alle war, uns etwas breitbeinig hinzustellen, so wie Cowboys. Das würde unsere Ausführungen besser unterstreichen.

Ich konnte damit wenig anfangen, weil ich an Individualität und Vielfalt glaube. Menschen sind unterschiedlich, sie reden leise oder laut, langsam oder schnell. Sie auf ein Standardmaß zu schleifen, wirkt immer gekünstelt. Deshalb haben diese Tipps bei mir keinen bleibenden Eindruck hinterlassen.

Die Bestellung des jugendlichen Kurz stößt 2011 in praktisch allen politischen Leitartikeln auf Unverständnis. Die *Kronen Zeitung* bezeichnet sie als »Denkfehler«. Der Politik-Chef fragt sich, ob »Sebastian Kurz ja vielleicht ein Genie ist, von dem allein Michael Spindelegger weiß«. *Der Standard* nennt die Besetzung »Verarschung« und »schlechte Wahl«. Sebastian Kurz wird als »Unterhaltungskünstler« und »Profilierungsneurotiker« bezeichnet, dem es um den »gepflegten Krawall« gehe.

Es sind viele Dinge mit einer solchen Wucht und Schnelligkeit dahergekommen, dass wir, mein Team und ich, überhaupt keine Möglichkeit hatten, dagegen vorzugehen. Das war eine ganz schwierige Situation, die lange angedauert hat, ohne Aussicht auf eine rasche Wendung ins Positive. Ein Freund, dem ich unsere Lage geschildert hatte, sagte damals einen Satz, an den ich mich in den folgenden Jahren noch oft erinnert habe: »Schau, Sebastian. Beschäftige dich gar nicht damit, was die Zeitungen schreiben, sondern versuch einfach, das zu machen, was du für richtig erachtest!« Daran habe ich mich immer gehalten. Denn wenn man sich zu stark davon abhängig macht, was andere denken, so macht das schon im Privaten nicht glücklich. Umso mehr gilt es für einen Politiker. Spätestens wenn man an der Spitze steht, wird einem klar: Man kann nicht von allen gewählt und geliebt werden.

Ich habe mich also nicht mit den Herabwürdigungen und Angriffen beschäftigt, sondern mir vor Augen geführt, dass es in solchen Situationen nur eine Chance gibt. Harte Arbeit, voller Einsatz! Mit Stefan Steiner, Gerald Fleischmann, Kristina Rausch, Axel Melchior, Lisa Wieser und vielen anderen habe ich mir ein fleißiges, junges Team aufgebaut, das mich dann zehn Jahre lang begleitet hat. Mit der Arbeit und unserem Einsatz ist es dann schrittweise immer besser geworden. Ich kann behaupten, vom ersten Tag an mit dem wahrscheinlich besten Team dieses Landes – an dieser Tatsache ändern auch nachträgliche, haltlose Anschuldigungen nichts – und mit vielleicht doch immer noch ein bisschen mehr Einsatz, mit dem einen oder anderen Sonntag mehr im Büro als bei manch anderen, für das Land gearbeitet zu haben. Nach ungefähr einem Jahr waren wir an einem Punkt, wo wir eine gute Basis für alles andere hatten. Auch die Stimmung in der Bevölkerung wurde immer besser. Da rief jener Freund mich wieder an und meinte: »Und jetzt, wo es gut läuft, gilt, was ich damals gesagt habe, umso mehr: Beschäftige dich garnicht damit, was die Zeitungen schreiben, sondern versuch einfach, das zu machen, was du für richtig erachtest!« Und auch daran habe ich mich gehalten.

In den zwei Jahren ist es uns gelungen – und auch davon bin ich überzeugt –, einen völlig neuen Zugang zum Thema Integration zu etablieren: »Integration durch Leistung«. Und das dahinterstehende Prinzip war »Fördern und Fordern«. Am Anfang hatte ich das Gefühl, dass Zuwanderer und Migranten in Österreich entweder als Straftäter oder als Opfer gesehen wurden. Man hatte das Feld den rechten Hetzern und den linken Träumern überlassen. Mein Team und ich waren überzeugt davon, dass jeder, der in Österreich lebt, auch einen Beitrag leisten soll, egal welche Hautfarbe oder Religion er hat. Ich bin überzeugt, dass dieser neue Zugang richtig ist und dass sich mittlerweile viele damit identifizieren können, sowohl unter den Zuwanderern als auch in der Mehrheitsbevölkerung. Wir haben in weiterer Folge auch bundesweite Strukturen für diesen Zugang geschaffen. Verpflichtende Deutschkurse und Werteschulungen, die anfangs massiv kritisiert wurden und heute selbstverständlich sind. Aber auch die verstärkte Arbeitsvermittlung durch das AMS und andere Institutionen. Diese Strukturen konnten auch später, etwa als viele Flüchtlinge aus der Ukraine nach Österreich kamen, wieder hochgefahren werden.

Was ich mir wünschen würde, was aber leider Gottes aufgrund des europäischen Rechts sehr schwierig ist und von vielen auch klar abgelehnt wird, wäre eine noch wesentlich zielgerichtetere, gesteuerte Zuwanderung, wie sie zum Beispiel Australien oder Kanada praktizieren. Es sollte nicht den Schleppern überlassen sein, zu entscheiden, wer nach Österreich zuwandern darf und wer nicht. Das sollte stets ein Land selbst bestimmen. Aber das derzeitige System der Europäischen Union ist leider so, dass jeder, der nach Europa durchkommt, einen Asylantrag stellen kann und viele

Asylwerber dann auch hierbleiben, egal ob ihr Asylantrag angenommen oder abgelehnt wird.

Wir haben in der Folge auch Integrationsbotschafter ins Leben gerufen. Wir sind mit erfolgreichen Migranten als Beispiele gelungener Integration von Schule zu Schule gezogen. Es haben unglaublich viele mitgemacht, insgesamt über 300, und das ehrenamtlich. Das Projekt hieß »Zusammen Österreich« und es existiert noch immer. Ich glaube, diese Botschafterinnen und Botschafter haben viel zur Versachlichung der Debatte und zu einem positiven Miteinander in unserem Land beigetragen.

Ich werde nie vergessen, wie die TV-Moderatorin Arabella Kiesbauer bei einem unserer ersten Schulbesuche erzählt hat, dass sie als kleines Mädchen versucht hat, sich die dunkle Hautfarbe in der Badewanne runterzuschrubben, weil die Kinder sie »Negerlein« genannt haben. Das war schon eine sehr bewegende Geschichte.

5

MORGENMENSCH

»Jüngster Außenminister der Welt zu werden,
ist kein Verdienst. Mit meinen 27 Jahren bin ich
deshalb mit einem sehr mulmigen Gefühl nach
Brüssel zur ersten Ratssitzung gefahren.«

Ich war 27, als mich im Frühwinter 2013 Michael Spindelegger anrief und in sein Büro bat. Wie schon zwei Jahre zuvor bot er mir an, einen weiteren Schritt in meiner Karriere zu machen und Außenminister zu werden. Für mich war es ein Riesenschritt. Geopolitik und globale Entwicklungen haben mich immer sehr interessiert und deshalb habe ich die Aufgabe sehr gerne angenommen. Ich glaube, ich hätte gelitten, wenn ich irgendein Ministerium übernehmen hätte müssen, für dessen Aufgabenbereich ich vielleicht weniger Interesse gehabt hätte. Michael Spindelegger meinte damals freundschaftlich: »Du wirst sehen, Sebastian, das ist ein angenehmes Ministerium, so viel tut sich da nicht. Wir sind ein kleines, neutrales Land. Und daher wird das eine ruhige Aufgabe werden.« Ich ahnte damals nicht, wie weit sich diese grundsätzlich richtige Einschätzung von der Realität entfernen würde.

Am Abend des 15. Dezember 2013 um 22:20 Uhr
läutet bei Michael Linhart, damals neu bestellter
Generalsekretär im Außenministerium, das Telefon.

Sebastian Kurz stellt sich als künftiger Außenminister vor und bittet den Spitzenbeamten um ein Gespräch. Um 23 Uhr treffen sich die beiden in der Bar des Designhotels Le Méridien. Das Gespräch dauert bis drei Uhr morgens.

Es war schon relativ spät, aber Michael Linhart hob trotzdem ab. Es war die Zeit der Regierungsbildung, in der politisch viel in Bewegung war, und somit auch für Spitzenbeamte eine relevante Phase. Ich erzählte ihm, dass ich Außenminister werden soll, und fragte, wann er Zeit hätte, mich zu treffen. Er meinte, dass er am nächsten Morgen in die Schweiz fliege und dass er das Treffen in Bern gerne verschieben könne, wenn ich ihn schon am nächsten Tag sehen wolle. Auf meine Frage, ob es heute noch möglich wäre, lachte er und meinte, er sei zwar schon im Bett, aber er könne natürlich noch mal aufstehen. Wir haben uns dann im Le Méridien im ersten Bezirk getroffen. Wir waren sofort per Du, der Altersunterschied von 28 Jahren spielte keine Rolle. Ich habe später auch zwei meiner Mitarbeiter dazugeholt und ihm vorgestellt. Gegen Mitternacht hat Linhart seinen Berner Kollegen angerufen und um Verständnis gebeten, dass er derzeit noch in Wien gebraucht werde. Und etwas später wurde auch Peter Launsky, der erfahrene österreichische Spitzendiplomat und »Under-Secretary-General« für Kommunikation und Öffentlichkeitsarbeit bei den Vereinten Nationen, zu einer wichtigen Stütze, sowohl im Außenministerium als auch in der Regierungsarbeit generell.

Es gab viele Dinge, die zu besprechen waren: Welche Struktur brauchen wir? Wer übernimmt das Kabinett? Wer sind die direkten Mitarbeiter? Was werden die ersten Maßnahmen sein? Wen muss der Außenminister als Erstes treffen und wen in der Folge? In welches Land geht die erste Auslandsreise? Wir haben uns schließlich für Zagreb entschieden, als Zeichen der Notwendigkeit der EU-Balkanerweiterung, weil Kroatien ein wichtiger Mitstreiter für den Westbalkan war. Schon damals waren mir die Region und die Annäherung des Westbalkans an die Europäische Union wichtig und das habe ich auch in allen politischen Ämtern danach weiterverfolgt und vorangetrieben.

Apropos drei Uhr morgens: Ich war nie ein Morgenmensch. Ich habe es wirklich geliebt, lange zu schlafen. Wir haben schon im Staatssekretariat extrem viel gearbeitet und dadurch immer schon früh am Morgen begonnen, aber im Außenministerium hat sich dann alles nochmals verschärft, weil viele der Auslandsreisen mit sehr frühen Abflugterminen begannen. Die Umstellung ist mir damals nicht leichtgefallen.

Einer dieser Frühflüge brachte mich auch zur ersten Sitzung ins Europaratsgebäude. Jüngster Außenminister der Welt zu werden, ist kein Verdienst. Die italienische Tageszeitung *Il Fatto Quotidiano* merkte an, es werde bestimmt komisch sein, mich (Jahrgang 1986) an der Seite von Emma Bonino (65 Jahre), des Franzosen Laurent Fabius (67), des Spaniers José Manuel García-Margallo (69) oder an der Seite der Fünfzigjährigen William Hague (Großbritannien) und Guido Westerwelle (scheidender Außenminister Deutschlands) oder gar an der Seite meines US-Kollegen John Kerry (siebzig Jahre) zu sehen.

Ich bin deshalb mit einem sehr mulmigen Gefühl nach Brüssel gefahren. Dort habe ich jedoch von Anfang an erlebt, dass Jugend auch Vorteile bringt. Gerade große Staaten wie Großbritannien nahmen Österreich nur am Rande wahr. Doch plötzlich war ein enormes Interesse da und mein mulmiges Gefühl wandelte sich innerhalb weniger Minuten in Zuversicht. Ich hatte das gegenteilige Erlebnis zu meinem Start im Staatssekretariat, bei dem mich die Medien im übertragenen Sinn »vernichtet« hatten. Die erste Ratssitzung wurde hingegen zu einem äußerst freundlichen Empfang. Alle Kollegen sind auf mich zugekommen und haben mir auf sehr kollegiale Art zu verstehen gegeben: Egal wie jung du bist, jetzt bist du einer von uns. Dadurch habe ich mich auf diesem oftmals als sehr glatt bezeichneten Parkett von Anfang an wohlgefühlt.

Ein Diplomat, den ich sehr schätze, und das soll kein Vorwurf sein, hat mir damals auf die Frage nach der österreichischen Position bei Abstimmungen in Brüssel gesagt: »Wir sind im Regelfall dort, wo die Mehrheit ist.« Ich war etwas erstaunt über diese Haltung und meinte: »Aber das kommt schon aufs Thema an, oder?« Mit einem ironischen Unterton erwiderte er: »Ja, schon. Wir sind aber jedenfalls immer dort, wo die Mehrheit ist.« Das war für mich ein Zugang, den ich nicht ausgehalten hätte, und ich habe ihn darum auch nie gewählt. Wie die meisten Menschen habe ich grundsätzlich ein großes Harmoniebedürfnis. Es ist natürlich angenehmer, wenn alle einer Meinung sind. Ich habe den Konflikt nie gesucht, aber wenn ich ihn für notwendig gehalten habe, dann habe ich ihn auch ausgetragen. Zum Beispiel in der Migrationsfrage.

Wenige Wochen nachdem Sebastian Kurz im Amt ist, kommt es zu den Auseinandersetzungen am Majdan und danach zum Konflikt in der Ostukraine und der Krim-Krise. In dieser Zeit hat Österreich den Vorsitz im Europarat inne. Österreich pflegt einen Austausch sowohl mit der Ukraine als auch mit Russland. Während der Ministerkonferenz in Wien treffen erstmals nach Ausbruch des Krieges in der Ukraine der russische Außenminister Sergej Lawrow und sein ukrainisches Pendant Andrij Deschtschyzja im Rahmen dieser internationalen Konferenz aufeinander. Kurz besucht die ukrainische Hauptstadt mehrfach und pflegt Kontakt mit Präsident Poroschenko sowie auch mit dem Bürgermeister von Kiew, Vitali Klitschko, und dessen Bruder Wladimir.

Es war später bei meinem ersten Besuch als OSZE-Vorsitzender Anfang 2017 eine sehr beklemmende Situation, zu sehen, was der Konflikt in der Ostukraine für die Menschen bedeutet. Nicht nur für jene, die durch Bomben oder Granaten ums Leben kommen, sondern für all jene, die einfach niemanden um sich haben, die nicht mehr gepflegt oder betreut werden können und die ganz alleine sterben. Da gab es Häuser, in denen die Bewohner wahrscheinlich schon verstorben waren, aber keiner wusste es so genau, weil es niemanden gab, der nachschauen ging. Viele junge Menschen hatten die Region verlassen und so blieben die älteren Menschen zurück. In den Nachrichten hört man bei militärischen Auseinandersetzungen immer nur die Zahl der Toten und Verletzten, das stille Leid bleibt im Dunkeln. Es war hart, dieses Leid zu sehen und das Gefühl zu haben, dass die Möglichkeiten, etwas dagegen zu tun, sehr begrenzt sind. Dadurch, dass Österreich ein kleines, neutrales Land ist, bleiben uns nur die Diplomatie, das Gespräch, der Versuch, Brücken zu bauen. Und das haben damals alle während des OSZE-Vorsitzes nach besten Kräften versucht.

Darüber hinaus haben wir uns dann im November 2014 sehr darum bemüht, die Iran-Verhandlungen nach Wien zu holen. Als Sitz der UNO mit 37 internationalen Organisationen ist Österreich prädestiniert für die Vermittlerrolle, als Ort des Dialogs. Ich glaube, ich bin damals einigen bereits ziemlich auf die Nerven gegangen, weil ich tagtäglich erneut versucht habe, die handelnden Personen zu überzeugen. Ich dachte mir manchmal, wie vertretbar ist es, so lästig zu sein, aber am Ende des Tages ist es dann gelungen. Es hat sich ausgezahlt, hartnäckig zu bleiben. Vor allem aber haben die Diplomaten im Außenministerium Außerordentliches geleistet. Solche Konferenzen vorzubereiten, ist eine enorme Aufgabe und große Herausforderung. Unsere Diplomaten und ihre Mitarbeiter sind der Grund dafür, warum Wien als Ort des Dialogs bekannt ist und immer wieder neue internationale Organisationen in Wien angesiedelt werden. Besonders hat mich gefreut, dass das Ban

Ki-moon Centre in Wien eröffnet wurde. Mit Ban Ki-moon habe ich nicht nur, als ich Außenminister war und er UNO-Generalsekretär, eng zusammengearbeitet, sondern auch noch später als Bundeskanzler.

Die Hauptkontrahenten bei den Gesprächen zum iranischen Atomprogramm in Wien sind US-Außenminister John Kerry und sein iranischer Amtskollege Mohammad Dschawad Zarif. Die Mission Kerrys geht schließlich als längster ununterbrochener Auslandsaufenthalt eines amerikanischen Außenministers in die Geschichte ein. Österreich ist das Land seiner Vorfahren. Sein Großvater Friedrich Kerry wandert 1905 aus Mödling in die USA aus und gründet in Chicago eine Schuhfabrik. In Österreich leben rund zwanzig Kerrys, die mit dem Außenminister der ehemaligen Obama-Administration verwandt sind.

Kontroversiell war für viele sicher auch meine klare Linie beim Thema Migration. Ich glaube, dass die Entscheidungen, die 2015 getroffen worden sind, falsch waren. Ich bin fest davon überzeugt, dass ein Staat immer nur so viele Menschen aufnehmen sollte, wie er auch integrieren kann. Je höher die Zahl der zu integrierenden Menschen ist, desto größer werden die Herausforderungen. Wenn wir uns international umsehen, dann gibt es wenige hoch entwickelte, wohlhabende Staaten, die so viele Menschen aufgenommen haben wie Österreich in den Jahren 2015 und

2016. Beispiel Kanada oder Australien: Dort gibt es sehr viel gesteuerte und gewollte Zuwanderung von Hochqualifizierten, aber wesentlich weniger illegale Migration und Aufnahme von Flüchtlingen.

Wenn wir uns die Situation 2015 noch einmal in Erinnerung rufen, dann herrschte damals eine ganz andere Stimmung als zuletzt bei den Vertriebenen aus der Ukraine. 2015 waren es vor allem junge Männer, die lautstark »Germany, Germany!« gerufen haben. 2022 hingegen war es auf den Bahnhöfen leise, bis auf das Weinen der Kinder. Keine Sprechchöre oder Ähnliches. Die Stimmung war gedrückt, weil viele, vor allem Frauen, Kinder und Familien, direkt vor dem Krieg geflüchtet sind. Deshalb glaube ich: Der Erfolg der Integration ist abhängig von der Zahl der zu Integrierenden. Ungesteuerte Zuwanderung führt automatisch zu massiven Integrationsproblemen.

Flucht und Vertreibung spielen auch eine große Rolle in der Familiengeschichte von Sebastian Kurz. In den 1990er-Jahren nehmen seine Eltern eine Familie mit zwei Mädchen aus dem zerfallenden Jugoslawien auf dem Hof in Niederösterreich auf. Die Großmutter des Ex-Kanzlers ist Donauschwäbin, stammt aus dem heutigen Serbien und flüchtet während des Krieges nach Österreich. Politisch und auf europäischer Ebene vertritt er als Außenminister einen restriktiven Migrationskurs und gilt bald als konservatives Gegenmodell zu Angela Merkel.

Die Politik der offenen Grenzen wurde auch in Österreich unter Rot-Schwarz vertreten. All jene, die das infrage gestellt haben, und zu denen habe auch ich gezählt, wurden sofort als rechtsradikal abgestempelt oder zumindest als unmenschlich und herzlos bezeichnet. Das Motto lautete: »Die Grenzen sind offen und wer zu uns kommen möchte, der kann das tun.« Als sich dann Millionen Menschen auf den Weg gemacht haben und sich immer mehr abgezeichnet hat, dass das nicht funktionieren kann, war es natürlich schwierig für diejenigen, die diesen Zugang gerade eben noch propagiert hatten, ihre Meinung zu ändern. Es gab unzählige Sitzungen in Brüssel, die teilweise hochemotional waren.

Es war ein mühsamer Prozess, aber auf europäischer Ebene hat sich die vorherrschende Meinung langsam gedreht. Mit der Schließung der Westbalkanroute und unserem Zugang habe ich mir damals sehr viele Feinde gemacht. Interessanterweise ist vieles, was damals verteufelt wurde, wenige Jahre später »Common Sense« in der Europäischen Union geworden. Damals sind EU-Gelder dafür verwendet worden, Menschen möglichst schnell nach Mitteleuropa weiterzutransportieren. Jetzt werden EU-Gelder dafür verwendet, die Außengrenzen zu sichern, um zu verhindern, dass Menschen überhaupt nach Europa kommen.

Das Schlimmste war aus meiner Sicht aber gar nicht die Überforderung in Europa. Das Schlimmste war, dass Schlepper Unsummen verdient haben und dass viele Flüchtlinge dabei ums Leben gekommen sind und das Mittelmeer für viele zum Grab wurde. Es war ein perfides

Geschäft mit der Hoffnung, das ich bis heute aufs Tiefste ablehne.

Der österreichische Bundesminister für europäische und internationale Angelegenheiten hat 1.200 Diplomaten und Angestellte unter sich. Im Ausland vertritt er neun Millionen Menschen. Er gilt als höchster Diplomat des Landes.

Mit dieser großen Aufgabe ist der Abschluss meines Studiums in weite Ferne gerückt. Als Staatssekretär habe ich anfangs noch drei Prüfungen nebenbei gemacht, aber es war relativ schnell klar, dass ein politisches Amt dieser Dimension hundert Prozent meiner Konzentration und Zeit erfordert. Mir fehlen für mein Jusstudium noch drei weitere Prüfungen und wäre mir jetzt langweilig, dann wären diese Prüfungen das Erste, das ich nachholen würde. Außer dass dann ein akademischer Titel vor meinem Namen stünde, würde sich aber, denke ich, nicht viel ändern. Ich bin dankbar, was ich im Studium alles gelernt habe. Ich hatte aber nie das Gefühl, mein Leben vertan zu haben, im Gegenteil. Natürlich war es immer mein Ziel, das Studium abzuschließen, aber es ist leider nicht dazu gekommen. Ich war gleich nach der Matura ständig in Tätigkeiten, die mich rund um die Uhr gefordert haben. Ich war sehr jung in Führungsfunktionen. Ein Stück weit habe ich mich auch geärgert, viel Zeit in ein Studium investiert zu haben und die letzten Meter dann nicht machen zu können. Aber nachdem immer etwas gekommen ist, das – mindestens – genauso spannend war, steht der Abschluss des Jusstudiums auf meiner Prioritätenliste nicht mehr ganz oben. Es geht eben nicht alles im Leben.

6

IN DEN SLUMS

»Beim Aussteigen sagte der Sicherheitsmann zu mir:
›Nur nicht jemandem die Hand geben!‹«

Äthiopien gehört zu jenen afrikanischen Ländern,
die in den vergangenen zehn Jahren die meisten
Flüchtlinge aufgenommen haben. Ende Juni 2022
leben knapp 900.000 Flüchtlinge und Asylsuchende
im Land. Der Großteil kommt aus dem Süd-
sudan, Somalia und Eritrea. Äthiopien ist mit 120
Millionen Einwohnern nicht nur eines der ärmsten Länder Afrikas, es drohen dort durch Dürre
auch immer wieder Hungerkatastrophen. *Krone*-
Journalist Kurt Seinitz begleitet den Außenminister 2016 in ein Flüchtlingslager an der äthiopisch-
somalischen Grenze und erinnert sich: »Die
Menschenmasse johlt, als sie den jungen, weißen
Mann aus Europa erblickt. Wenig später ist Kurz
plötzlich verschwunden. Eine fieberhafte Suche beginnt. Wir finden den Minister schließlich in einer
der Tausenden Strohhütten, am Boden sitzend. Er
lässt sich erklären, wie die Geflüchteten dort kochen,
was sie an Habseligkeiten mitgebracht haben und
wie sie die Tage verbringen.«

Als Außenminister und später auch als Bundeskanzler war ich in den ärmsten Regionen der Welt unterwegs. Einmal in Kenia, zweimal in Äthiopien.

Ich habe in Afrika nicht nur Flüchtlingslager, sondern auch Slums gesehen, von denen sich der Großteil der Menschen bei uns nicht vorstellen kann, dass so etwas überhaupt existiert.

Einmal sagte der Sicherheitsmann beim Aussteigen zu mir: »Nur nicht jemandem die Hand geben!« Als wir eine Gruppe von Mädchen sahen, meinte er: »Die meisten von ihnen sind minderjährige Prostituierte, sie werden für weniger als einen Dollar verkauft.«

Es gibt unfassbare Armut, die für uns, die wir in einem wohlhabenden, westlichen Land leben, einfach nicht vorstellbar ist. Dabei geht es nicht um Einzelschicksale an ein paar Orten irgendwo in Afrika, sondern um Hunderte Millionen Menschen auf der ganzen Welt.

Die »Hilfe vor Ort« wird während der Regierungsbeteiligung der Volkspartei zu einem geflügelten Wort. Österreich gibt zu diesem Zeitpunkt über eine Milliarde Euro für Entwicklungszusammenarbeit und humanitäre Hilfe aus. Mit rund 0,3 Prozent des Bruttonationaleinkommens liegt es dennoch unter dem OECD-Durchschnitt. Deutschland, Luxemburg, Norwegen und Schweden geben sogar mehr als 0,7 Prozent aus. Das Budget des Auslandskatastrophenfonds (AKF) wird unter Sebastian Kurz bis zum Jahr 2021 auf über fünfzig Millionen Euro aufgestockt.

Wenn man sich die demografische Entwicklung anschaut, leben in Afrika momentan eine Milliarde Menschen, Mitte des Jahrhunderts werden es bereits zwei Milliarden Menschen sein, Ende des Jahrhunderts vier Milliarden. Von Ländern wie Indien und China noch gar nicht zu reden. Dann ist einfach sonnenklar, dass der einzige Weg nur der sein kann, mit wirtschaftlichem Fortschritt zu versuchen, ein menschenwürdiges Dasein für alle in ihrer Heimat sicherzustellen.

Das beginnt in der Landwirtschaft, wo durch den gezielteren Einsatz von Bewässerung, Düngemitteln und Saatgut ein Vielfaches der jetzigen Produktion erzeugt werden kann. Ebenso verhält es sich im Energiebereich, wo mit erneuerbaren Energien, Wind und Sonne in weiten Teilen der Welt ein riesiges Potenzial besteht. Potenziale wie diese müssen genutzt werden.

So, wie ich überzeugt bin, dass die Klimakrise nur durch neue Technologien bewältigbar sein wird, so bin ich auch sicher, dass für Menschen in Afrika, insbesondere für die dortige Jugend, der Weg aus der Armut nur über massives Wirtschaftswachstum führt, angetrieben durch einen starken Austausch mit wohlhabenden Staaten dieser Welt.

Als Österreich in der zweiten Jahreshälfte 2018 den turnusmäßig wechselnden Vorsitz im Rat der Europäischen Union innehatte, habe ich gemeinsam mit Paul Kagame, dem Präsidenten der Republik von Ruanda und Vorsitzenden der Afrikanischen Union, für das Jahr 2018 ein hochrangiges EU-Afrika-Forum in Wien einberufen. Es war der letzte Höhepunkt während des Ratsvorsitzes. 800

Unternehmen von beiden Kontinenten sowie zahlreiche Staats- und Regierungschefs aus afrikanischen und EU-Ländern nahmen an dem Event teil.

Kurz vor dem »Hochrangigen Forum Afrika-Europa« Mitte Dezember 2018 bricht der Bundeskanzler im Rahmen der EU-Ratspräsidentschaft Österreichs zu einer dreitägigen Ostafrika-Reise auf. In Addis Abeba trifft er den äthiopischen Regierungschef Abiy Ahmed (42). »Der jüngste Regierungschef von Afrika trifft den jüngsten Regierungschef der Welt«: Mit diesen Worten wird Kurz willkommen geheißen. Die Straßen der äthiopischen Hauptstadt sind mit rot-weiß-roten Fahnen geschmückt. Es ist der erste Besuch eines österreichischen Bundeskanzlers seit hundert Jahren.

Abiy Ahmed, der im April 2018 Premierminister wurde, steht für den Umbruch in Äthiopien. Das Land wurde lange in einem Atemzug mit Hungerkatastrophen genannt. Karlheinz Böhm und seine Organisation »Menschen für Menschen« haben hier viel verändert.

Das Durchschnittsalter der 120 Millionen Einwohner Äthiopiens ist 25 Jahre. Diese junge Generation war maßgeblich dafür verantwortlich, dass sich die einstige Militärdiktatur Äthiopien damals hin zu einer Demokratie und Marktwirtschaft entwickelte. Leider wurde diese Entwicklung wieder gestoppt und es herrscht ein furchtbarer Krieg mit der Rebellengruppe Volksbefreiungsfront von Tigray.

Wenn Staaten sich auf den Weg zu einer demokratischen Gesellschaft machen, dann wird das gelingen, was auch in den letzten Jahrzehnten schon gelungen ist. Die Zahl der Menschen, die in absoluter Armut leben, geht zurück. Die Zahl der Kinder, die Zugang zu einer ordentlichen Schulbildung haben, steigt. Der Wohlstand wächst generell weltweit. Es gibt diese positive Entwicklung auf unserer Welt, sie findet jetzt und hier statt. Je schneller wir diesen Weg gehen, desto besser.

Obwohl sich die Zustände in den Slums immer fürchterlich angefühlt haben, waren mir die Begegnungen dort wichtig. Ich habe bewusst jedes Mal, wenn ich in Afrika war, darauf bestanden, auch solche Termine zu machen. Gerade wenn man Verantwortung trägt, ist es notwendig, nicht wegzusehen, sondern sich bewusst damit zu konfrontieren.

Solche Termine sind natürlich etwas, worauf Gastgeberländer alles andere als stolz sind, und daher ist manchmal das Interesse enden wollend, diese Facetten des Landes zu zeigen. Für ein Gastland ist es oft weit angenehmer, einen Staatsgast gut zu versorgen und in einem schönen Hotel unterzubringen, als das Leid oder die Abgründe vor der eigenen Haustüre zu zeigen. Es ist aber durchaus etwas, was sich im Vorhinein besprechen und vereinbaren lässt.

Ich habe trotz der Warnung unseres Sicherheitsmanns den Menschen auch die Hand gegeben. Alles andere wäre mir unmenschlich vorgekommen.

7

MACHTKÄMPFE

»Die Kanzlerschaft in Österreich wird meiner Meinung nach von der Sozialdemokratie seit Kreisky in gewisser Weise als Erbpacht angesehen. Jedes Mal, wenn kein Sozialdemokrat Kanzler wird, ist das offenbar etwas Undemokratisches, dann hat sich die Bevölkerung ›geirrt‹, dann ist der neue Kanzler ›autoritär‹ oder ›illegitim‹. Demokratie heißt doch, dass jeder das Recht hat, bei einer Wahl anzutreten und auch gewählt zu werden.«

2017 geht in Österreich eine Ära zu Ende. Jahrzehntelang ist das Land mit Unterbrechungen von einem Bündnis aus SPÖ und ÖVP regiert worden. Aber diese Große Koalition verliert immer mehr an Zustimmung. Vom Bild der zerstrittenen Regierung profitiert vor allem die FPÖ. Als die SPÖ den Berufspolitiker Werner Faymann durch den Spitzenmanager Christian Kern ersetzt, wächst in der ÖVP, die in Umfragen nur noch auf zwanzig Prozent kommt, der Unmut über die Rolle als ewiger Dritter.

Die Dinge schönreden und zuschauen, wie die Stimmung immer schlechter wird: Das war 2017 für viele in der ÖVP die Devise. Dabei waren alle unzufrieden. Mit der Großen Koalition, mit den Minimalkompromissen, mit dem Stillstand. Und natürlich mit der schlechten Stimmung im Land. Es hatte sich, denke ich, nicht nur für mich seit Langem komisch angefühlt, Teil der Partei zu sein, als Außenminister sogar in einer sehr verantwortungsvollen Rolle, aber gleichzeitig immer wieder in Situationen zu kommen, in denen Wählerinnen und Wähler oder Unterstützer mir gesagt haben: »Seht ihr denn nicht, dass es so nicht weitergehen kann?«

Wir in unserem Team waren immer der Meinung, dass die ÖVP nicht bloß Steigbügelhalter für die Ideen anderer Parteien sein sollte.

Schon 2014, als Michael Spindelegger als ÖVP-Parteiobmann zurücktrat, gab es viele, die mir Druck gemacht haben, ich solle Parteichef werden. Ich wollte das nicht, weil ich mich dieser Aufgabe mit 27 einfach nicht gewachsen gefühlt habe. Ich wollte vor allem die Position als Außenminister so gut wie möglich ausfüllen.

Egal wo ich unterwegs war, überall wurde ich gefragt, ob ich »eh« als Spitzenkandidat für die ÖVP zur Verfügung stehen werde. Innerhalb der ÖVP, von vielen Leuten in der Bevölkerung und auch von vielen Journalisten, mit denen ich gesprochen habe. *Der Standard* schrieb rund um den Jahreswechsel 2016/2017, dass es mit oder ohne vorgezogene Neuwahlen möglicherweise zu Änderungen an der Parteispitze kommen werde. Es gab kaum Interviews oder Auftritte, bei denen ich nicht auf diese Themen angesprochen wurde.

Ich hatte manches Mal den Eindruck, dass meine Kandidatur bereits für die meisten anderen klar war und ich diese Entscheidung gar nicht mehr selbst treffen konnte.

Mich hat diese Situation damals eher belastet als gefreut. In dieser Zeit habe ich, wie eingangs in diesem Buch bereits erwähnt, Niki Lauda um Rat gefragt.

Gedanklich habe ich mich im Hinblick auf eine mögliche Kandidatur in der Folge mit unterschiedlichen Fragen auseinandergesetzt: Was würden wir denn anders machen? Was wäre unser Anspruch? Mit wem würden wir arbeiten wollen? Und dann stellt man sich auch die Frage: Können wir das? Würde die ÖVP überhaupt eine Wahl gewinnen? Mit wem könnte man eine Regierung bilden? Wie könnte die Zusammenarbeit funktionieren?

Diese Fragen sind auch dem Umstand geschuldet, dass die Kanzlerschaft in Österreich meiner Meinung nach von der Sozialdemokratie seit Kreisky in gewisser Weise als Erbpacht angesehen wird. Jedes Mal, wenn kein Sozialdemokrat Kanzler wird, ist das offenbar etwas Undemokratisches, dann hat sich die Bevölkerung »geirrt«, dann ist der neue Kanzler »autoritär« oder »illegitim«. Demokratie heißt doch, dass jeder das Recht hat, sich einer Wahl zu stellen, dass jeder das aktive und passive Wahlrecht besitzt. Und es ist doch wohl zu hoffen, dass jeder, der kandidiert, sich auch entsprechend vorbereitet: Was ist mein inhaltliches Programm? Was wäre ein potenzielles Arbeits- oder Regierungsprogramm? Was ist mein personelles Angebot? Mit welchem Team möchte ich arbeiten? Wen würde ich gerne in einer Bundesregierung sehen? Welche Personen würde ich gerne im Parlament sehen? Wie organisiere ich das?

Die ÖVP geht mit der »Liste Sebastian Kurz – die neue Volkspartei« in Neuwahlen und ist ab sofort nicht mehr schwarz, sondern türkis. Die Partei stattet ihren Spitzenkandidaten mit weitreichenden Befugnissen aus. Wer auf der Bundesliste kandidieren darf, entscheidet der Obmann allein, bei den Landeslisten steht ihm ein Vetorecht zu und es wird auf Wunsch von Kurz ein Reißverschlusssystem auf allen Ebenen eingeführt. Der detaillierte Plan zum Weg an die Macht wird medial als »Projekt Ballhausplatz« bekannt. Dessen Echtheit ist bis heute nicht geklärt.

Die Bezeichnung »Projekt Ballhausplatz« habe ich das erste Mal in den Medien gelesen. Ebenso das Gerücht, ich hätte mit dem Salzburger Landeshauptmann Wilfried Haslauer die Bedingungen abgesprochen, unter denen ich die Partei übernehmen wollte. Schuld daran waren die Bilder, die uns beide bei der gemeinsamen Ankunft zur Parteivorstandssitzung auf der Politischen Akademie im Mai 2017 zeigten. Wir haben uns zufällig vorher auf der Straße getroffen, die nur wenige Gehminuten entfernt von meiner Wohnung liegt, und ich bin mit ihm gemeinsam hineingegangen. Von vorherigen Absprachen über Bedingungen war keine Rede. Mit Wilfried Haslauer habe ich aber in all den Jahren immer gerne gesprochen und seine präzisen Analysen bei verschiedensten Problemstellungen sehr geschätzt.

Ein Maximum an Macht zu haben, war nie das Ziel. Aber die geschwächte Volkspartei zu übernehmen und in eine Wahl zu führen, die volle Verantwortung zu tragen, ohne sicherzustellen, dass Veränderungen auch möglich sind, das wäre mir absurd erschienen. Die Vorstellung, dass jemand Parteiobmann sein darf und andere entscheiden darüber, mit welchem Team er antritt und welche Inhalte er zu vertreten hat, mag für manche vielleicht ein passables Konzept sein. Das wäre keine Option für mich gewesen und daher habe ich auch die sieben Bedingungen an die ÖVP gestellt. Rückblickend gesehen hat es sich ja als einziger Weg für die Partei herausgestellt, wieder Wahlen zu gewinnen und Dinge in Österreich zum Besseren zu verändern.

Kurz noch zu Reinhold Mitterlehner: Wir hatten von Beginn an sehr unterschiedliche Zugänge. Entscheidend waren sicher auch Differenzen über die beste Vorgehensweise in der Migrationsfrage. Unsere Skepsis gegenüber der »Willkommenskultur« war kein Geheimnis. Mein Team und ich haben diese Reinhold Mitterlehner gegenüber mehrmals zum Ausdruck gebracht. Das Verhältnis war deshalb nicht einfach.

Mit allen vorherigen Parteichefs – Michael Spindelegger, Sepp Pröll, Willi Molterer, Wolfgang Schüssel – hatte ich immer ein exzellentes Verhältnis. Nicht so mit Reinhold Mitterlehner. Für mich war das kein großes Thema. Ich wünsche ihm bis heute nichts Schlechtes, sondern alles Gute und daher finde ich es ein bisschen schade, dass er anscheinend über manches noch immer nicht hinweggekommen ist. Schon im ersten Gespräch, nachdem er Parteichef wurde, hieß es von ihm, ich solle die Partei einmal übernehmen. Es gab sogar Gespräche mit dem damaligen Generalsekretär, wie man das organisieren könnte. Das im Nachhinein dann als »Putsch« darzustellen, ist daher doch eine interessante Interpretation.

Am Mittwoch, den 10. Mai 2017, um 12:30 Uhr gibt ÖVP-Chef Reinhold Mitterlehner seinen Rücktritt bekannt. »Ich bin kein Platzhalter«, erklärt er in Anspielung auf seinen Nachfolger, der in der Volkspartei seit Langem als »schwarzer Kronprinz« gehandelt wird. Mit Mitterlehner verliert die Partei nach dem Abgang von Wolfgang Schüssel 2007 bereits ihren vierten Vorsitzenden. Der SPÖ droht mittlerweile ein Abschied von der Macht. Kanzler Christian Kern sollte der zunehmend unbeliebteren Großen Koalition neue Impulse geben und die Partei, die immer mehr Stammwähler an die rechtspopulistische FPÖ verliert, zukunftsfähig machen. Nach Mitterlehners Rücktritt bietet er der ÖVP mit Sebastian Kurz eine »Reformpartnerschaft« an.

Im Jänner 2017 hat Christian Kern seinen »Plan A« vorgestellt. Das war vom Marketing her perfekt inszeniert. Inhaltlich gab es darin viele Punkte, die eigentlich »Common Sense« sein sollten. Als ich später als Kanzler die von ihm angeregte Arbeitszeitflexibilisierung umgesetzt habe, wurde ich von der Sozialdemokratie massiv kritisiert. Aber das ist ja das Absurde in der Politik, dass eine Idee für eine Partei nur dann gut sein kann, wenn es ihre eigene ist. Sobald eine andere Partei diese Idee dann umsetzt, kann sie nicht mehr gut sein. Es wirkte für viele so, dass Kerns Plan vor allem der war, mit seinem »Plan A« in eine Wahl zu gehen. Mein Eindruck war, dass sein Umgang mit der ÖVP kein allzu ehrlicher war, denn er hat sein Programm ohne jede Rücksicht auf den Koalitionspartner mitten in einer Legislaturperiode vorgestellt. Man kann schon sagen, dass das eigentlich etwas ist, das man normalerweise nicht macht. Gleichzeitig hat er der ÖVP erklärt, er setze auf Zusammenarbeit. Ich glaube, sein Auftritt war ein Aufruf zu Neuwahlen, ohne dass er dann tatsächlich eine Wahl ausgerufen hätte.

Die Stimmung war damals in der Regierung und in der Bevölkerung an einem Tiefpunkt. Nun kann man das wie gesagt alles schönreden. Das ist nicht meine Art. Die Alternative, ständig über die unbefriedigende Situation zu jammern oder auch nichts zu tun, ist für das eigene Gemüt nicht gut. Den dritten Weg sind wir, mein Team und ich, gegangen: Wir haben allen Mut zusammengekratzt und versucht, etwas ganz Neues zu machen.

Wolfgang Schüssel hat einmal um Unterstützung innerhalb der ÖVP mit den Worten geworben, dass er positive Energien brauche. Ich finde, das ist ein schönes Bild. In der Spitzenpolitik trägt man eine große Verantwortung und wenn man die Aufgabe ernst nimmt, dann löst das eine gewisse Schwere aus, die auf den Schultern lastet. Wenn man das gut stemmen möchte, dann ist das Beste, das man haben kann, positive Energie. Negative Energie hingegen tut weder der eigenen Seele gut noch der Leistungsfähigkeit eines Teams. Und ich bin froh darüber, dass wir uns immer auf das Positive fokussiert haben.

So sind wir auch auf die neue Farbe Türkis gekommen. Es war, wie eigentlich alles, ein gemeinsamer Entscheidungsprozess im Team. Die Junge Volkspartei hatte ursprünglich einen ähnlichen Farbton und da alle anderen Farben – außer Gelb – schon von den anderen Parteien besetzt waren, entschlossen wir uns dazu, der Volkspartei mit diesem speziellen Türkis einen neueren, frischeren Touch zu geben. Wir haben die Farbe ins Herz geschlossen und haben sie durchaus auch gerne und oft eingesetzt. Die Krönung war sicher, dass mein Team zufällig auf einen eher seltenen türkisen Nitsch in der Artothek des Bundes gestoßen ist. Dieser hing dann während der zweiten Amtszeit sogar in meinem Büro. Hermann Nitsch, den ich dann auch ins Kanzleramt eingeladen habe, war der Meinung, dass er perfekt passen würde. So hat sich das gefügt.

Mir war der Austausch mit Künstlern wie Erwin Wurm, Gottfried Helnwein oder Andreas Gabalier, aber auch mit Schauspielern wie Tobias Moretti oder Christiane Hörbiger, die mich im Wahlkampf 2019 unterstützt hat, wichtig. Ebenso der Dialog mit Wirtschaftstreibenden – von Unternehmern mit Weltruf, deren Marken international bekannt sind, wie etwa Didi Mateschitz, bis hin zu Mittelständlern, die das Rückgrat unserer heimischen Wirtschaft bilden. Dabei waren Personen wie Georg Knill oder Wolfgang Hesoun immer wichtige Gesprächspartner. In der Volkspartei war es Harald Mahrer, der den Unternehmern eine enorm starke Stimme gegeben hat. Und ich würde heute sagen, unsere Meinung war in vielen Fällen sehr ähnlich. Ich war froh über diese konstruktive und extrem enge Zusammenarbeit.

Es waren aber auch die Bürgermeisterinnen und Bürgermeister im ganzen Land, die maßgeblich zum Erfolg beigetragen haben, weil sie unmittelbar vor Ort für mich wichtige Ansprechpartner waren. Die Landesparteiobleute der Volkspartei, und hier im Speziellen die ohne Landeshauptmannfunktion, wie Gernot Blümel, Christian Sagartz und auch Martin Gruber, waren wesentlich, um direktes Feedback aus der Bevölkerung zu bekommen, und sie haben, vor allem in schwierigen Zeiten, immer mit mir an einem Strang gezogen.

Neben der ständigen Einbindung der Minister, Experten, Universitätsprofessoren, Landeshauptleute und Funktionäre der Volkspartei sowie von Menschen, die ich persönlich kennen- und schätzen gelernt habe, war mein innerstes Team stets an meiner Seite. Über dieses Team hat der Politikjournalist Klaus Knittelfelder sogar ein eigenes Buch geschrieben. Ich bin auf dieses Team wahnsinnig stolz. Da gab es Menschen, die mich schon sehr früh begleitet haben, wie Kristina Rausch, meine erste hauptberufliche Mitarbeiterin in der Jungen ÖVP. Axel Melchior war mein Geschäftsführer, zunächst in der Jungen ÖVP und dann in der Volkspartei. Mit dem Start im Staatssekretariat sind dann weitere Personen dazugekommen: Stefan Steiner, damals mein Büroleiter, und Gerald Fleischmann als Pressesprecher. Bernd Brünner und Lisa Wieser, die beide im Staatssekretariat begonnen und mich ins Kanzleramt begleitet haben. Beim Wechsel ins Außenministerium wurde Niki Marschik, aktuell unser Ständiger Vertreter in Brüssel, mein Kabinettschef. Dazu kamen Christian Ebner, Niko Lutterotti, Sigrid Berka und Barbara Kaudel-Jensen – sie sind jetzt alle Botschafter – sowie Etienne Berchtold, ebenfalls Botschafter, der damals mein außenpolitischer Sprecher war. In jener Zeit ist das Team um einige Diplomaten angewachsen. Nachdem ich dann Obmann der Volkspartei geworden bin, habe ich die Funktion des JVP-Chefs an Stefan Schnöll übergeben, der die Junge Volkspartei gemeinsam mit der späteren Generalsekretärin Laura Sachslehner geleitet hat. Während meiner Obmannschaft hat Bettina Rausch die Leitung der Politischen Akademie übernommen und mit Elli Köstinger kam eine langjährige Mitstreiterin als Generalsekretärin in die Lichtenfelsgasse. Als Bundeskanzler schließlich wurde das Team um Bernhard Bonelli und Markus Gstöttner erweitert. Sie kamen von der Boston Consulting Group beziehungsweise von McKinsey, also von Unternehmensberatungen, und haben die wirtschaftspolitischen Agenden gemanagt. Johannes Frischmann kam ebenfalls in dieser Zeit als Sprecher ins Team. Und auch in der Parteizentrale wurde die Führungsmannschaft immer weiblicher. Mit Vera Regensburger kam auch die bisher jüngste Bereichsleiterin für Politik und Strategie in die ÖVP-Bundespartei. Nicht zu vergessen all jene, die hinter den Kulissen – in den Sekretariaten und Büros – ihr Bestes gegeben haben.

Mit jeder neuen Funktion wurde unser Team größer und stärker. Ich habe immer versucht, die besten Leute für die jeweiligen Bereiche zu bekommen. Am Ende hatte ich Leute aus der Politik, Mitarbeiter mit wirtschaftlichem und Personen mit einem diplomatischen, also außenpolitischen Background. Immer mit einem hohen Frauenanteil. Das war später in der Regierung auch unser Motto. Im Statut der Volkspartei wurde festgesetzt, dass es ein Reißverschlusssystem geben muss. Männer und Frauen mussten sich auf den Kandidatenlisten abwechseln. Und das zu einer Zeit, in der Politik in der ÖVP vor allem eine Veranstaltung älterer weißer Männer war. Das hat sich damals massiv verändert. Wir sind jünger, weiblicher und vielfältiger geworden.

Mit Peter L. Eppinger hatten wir sogar einen der breiten Öffentlichkeit bekannten Sprecher der Bewegung. Viele Personen auf unserer Bundesliste für die Nationalratswahl waren vorher nicht politisch tätig, viele Minister, die ich damals in die Regierung holte, waren Quereinsteiger oder Experten, so wie etwa Juliane Bogner-Strauß, Heinz Faßmann oder zuletzt auch Martin Kocher. Gleichzeitig haben wir auf viele bewährte Kräfte von der Jungen ÖVP bis zum Seniorenbund und vor allem erfahrene Persönlichkeiten in der Volkspartei gesetzt, wie Gust Wöginger, Wolfgang Sobotka, Ingrid Korosec, Christopher Drexler, Klaudia Tanner, Stephan Pernkopf und Georg Strasser. Und das von der kleinsten Gemeinde bis in die großen Städte, die angeführt wurden von Menschen wie Klaus Schneeberger oder Harry Preuner.

Was mein Kernteam und mich einte, war unser starker Idealismus. Viele meiner Mitarbeiterinnen und Mitarbeiter haben niedrigere Gehälter in Kauf genommen, denn sie hätten in der Privatwirtschaft oder der Diplomatie deutlich mehr verdienen können. Als unser Geschäftsführer vor dem ersten Wahlkampf einen Urlaubsstopp für alle verhängte, wunderte sich niemand. Sie wären ohnehin nicht auf die Idee gekommen, denn sie waren rund um die Uhr und mit Freude im Einsatz.

Als mein Team habe ich aber nicht nur mein Kernteam verstanden, sondern auch all jene, die in der Bundespartei, in den Landesparteien und Bezirksparteien gearbeitet haben, natürlich auch all die politischen Büros. Ich kann gar nicht sagen, wie viele das genau in der Anzahl sind, aber vermutlich kann man schon sagen, dass es Hunderte waren.

Mein engstes Team war essenziell für mich. Meine Arbeitsweise war immer dieselbe. Wir sind rund um unseren großen Tisch gesessen, jeder hatte seinen Stammplatz. Meistens hat Stefan die Großwetterlage analysiert, daraufhin hat jeder seine Sicht auf die Dinge dargelegt. Der Umgangston im Team war mir immer sehr wichtig. Jeder redete aus, niemand wurde für Gedanken zurechtgewiesen, jede Meinung war okay, es gab keine Tabus. Es ging auch nicht um Selbstdarstellung, keiner musste den anderen was beweisen. Dazwischen wurden immer wieder Telefonate geführt und die neuen Erkenntnisse zurück in den Raum gebracht. Unser Team war von Vielfalt geprägt. Unterschiedliche Charaktere mit unterschiedlichem Hintergrund aus unterschiedlichen Lebenswelten. Alt oder jung, verheiratet, single oder alleinerziehend, mit oder ohne Kinder, Stadt oder Land, hetero- oder homosexuell, mit Migrationshintergrund oder ohne, religiös oder ohne Bekenntnis – es war alles dabei.

Wir wollten Österreich ins Positive verändern. Veränderung kann aber nur stattfinden, wenn es einen Raum für Innovation und Transformation gibt.

Auf diese Weise arbeiteten wir in der Ukraine-Krise 2014 und auch während der Pandemie. Und egal wie viele Expertenmeinungen schließlich vorlagen, am Ende musste eine Entscheidung getroffen werden. Bis diese Entscheidung reif war, diskutierten wir oft nächtelang und es gab die Regel, dass, sobald dann eine Entscheidung getroffen wurde, diese ohne Zögern umzusetzen war. Entscheidungen wurden nie leichtfertig getroffen, aber wenn sie getroffen wurden, dann haben diese Entscheidungen auch alle mitgetragen.

Man könnte meinen, solche Sitzungen waren energieraubend, aber diese Momente haben mir Energie gegeben, auch wenn es oft schwierige Entscheidungen waren.

Das Besondere an meinem Team ist, dass über all die Jahre niemand so richtig weggegangen ist. Natürlich haben manche die Jobs gewechselt und andere Berufe ausgeübt, aber – ich bin mir sicher – jeder Einzelne hat die Begeisterung für Politik im Herzen weitergetragen. Ich führe das auf unseren freundschaftlichen Umgang zurück. Die Zusammenarbeit war einfach großartig. Wir haben uns alle mit ganzem Einsatz dem gemeinsamen Projekt verschrieben, Österreich zu verändern. Dabei hatte jeder seinen Platz, jeder hatte seine speziellen Fähigkeiten und somit Aufgaben, jeder war Teil des gemeinsamen Erfolgs.

Ich bin nicht musikalisch, aber man könnte es mit einem Orchester vergleichen. Jeder beherrscht sein Instrument perfekt und das Ergebnis ist viel mehr als einfach die Töne aller Instrumente zusammengenommen. Ich habe in diesem Orchester nie die erste Geige gespielt. Mein Beitrag war weder größer noch kleiner als der der anderen. Unser Erfolg war nur im Zusammenspiel möglich.

8

KAFFEE MIT KERN

*»Irgendwann am Wahlabend kam eine Nachricht herein,
dass es bereits erste Kontakte zwischen SPÖ und FPÖ
geben soll.«*

»Was bedeutet Macht für Sie?« Das ist ja eine sehr beliebte
Frage von Journalisten an Politiker. Die Antwort ist meistens, dass es um das Gestalten geht, dass Demut wichtig
ist, dass die Macht nur geliehen ist und so weiter. Für mich
geht in einer Demokratie die Macht vom Volk aus. Ohne
Unterstützung der Bevölkerung, ohne einen klaren Wahlerfolg hat ein Politiker in einer Demokratie zu Recht auch
keine Gestaltungsmöglichkeiten. Was man aber nicht unterschätzen sollte, sind die Widerstände. Denn auch wenn
man von den Wählerinnen und Wählern mit einem großen Vertrauen ausgestattet ist, gibt es in der Bürokratie und
auch anderswo oftmals ordentliche Hindernisse gegen
ein Gestalten. Am Ende des Tages bleibt Politik, auch mit
der sogenannten Macht, meistens ein Bohren sehr dicker
Bretter.

**Im Wahlkampf 2017 tauchen verschiedene interne
Papiere auf, mit deren Veröffentlichung der jeweilige politische Mitbewerber in Misskredit gebracht
werden soll. Einerseits die »Kurz-Strategiepapiere«
mit Plänen zur Umgestaltung der ÖVP und Namen**

potenzieller Spender, deren Echtheit ungeklärt ist. Andererseits die »Silberstein-Papiere«, benannt nach dem »Dirty Campaigning«-Experten Tal Silberstein, mit Aufträgen für Negativ-Videos über den VP-Spitzenkandidaten.

Bis wenige Tage vor der Wahl signalisierte unser parteiinterner Meinungsforscher, dass die Volkspartei deutlich vorn liege. Am Donnerstag vor der Wahl hieß es plötzlich, dass der Abstand zu schmelzen beginne.

Das war darauf zurückzuführen, dass alle Register des Dirty Campaigning gegen die Volkspartei und mich persönlich gezogen wurden.

Am Wahlsonntag waren wir deshalb alle sehr nervös. Ab Mittag hatte sich mein gesamtes Team bei mir zu Hause in Meidling eingefunden. Auch meine Eltern und Verwandte waren da. Einige standen auf dem Balkon, andere saßen am großen Tisch im Wohnzimmer oder gleich daneben auf der Couch. Es kamen laufend Gerüchte herein, dass es sehr knapp sei. Von Journalisten wurde uns zugetragen, dass die SPÖ ein Kopf-an-Kopf-Rennen herbeirede. Vor allem am Land würde die Volkspartei nicht so stark sein wie erwartet. Die Spannung war fast unerträglich.

Bis etwa 15 Uhr dachten wir, es sei gelaufen und wir würden verlieren. Doch dann änderten sich die Gerüchte. Als dann am späten Nachmittag und abends nach und nach die Ergebnisse aus den Städten ausgewertet wurden, war es klar. Die neue Volkspartei hatte auch die Städte erobert.

Vor der Hochrechnung um 16:45 Uhr saß ich mit Susanne auf der Couch, links saß mein Vater, rechts meine Mutter. Umringt von meinem Team und der gesamten Familie. Um 17 Uhr, als der türkise Balken bei der Hochrechnung in die Höhe schoss, brach Jubel aus. Ich selbst habe den Moment auf der Couch im Stillen genossen.

Dann umarmten wir uns alle. Ich glaube, es war das erste Mal, dass ich alle aus meinem Team umarmt habe.

Nachdem wir kurz angestoßen hatten, ging es weiter zum Kursalon Hübner und später noch in die Hofburg zum Interviewmarathon.

Die ÖVP ist der klare Sieger der Parlamentswahl vom 15. Oktober 2017. Sie ist mit 31,5 Prozent der Stimmen Nummer eins. Seit Bruno Kreisky war das nur einmal der Fall, unter Wolfgang Schüssel 2002. Die SPÖ sichert sich mit 26,9 Prozent trotz herber Verluste den zweiten Platz. Es ist das schlechteste Ergebnis in ihrer Geschichte. Die FPÖ ist der »Königsmacher« und will mit beiden Parteien verhandeln.

Mein Team und ich hatten uns zwei Dinge fest vorgenommen, falls die Volkspartei gewinnen sollte. Erstens: Wir werden auf keinen Fall vergessen, ausgiebig zu feiern. Zweitens: Wir werden nicht gleich am nächsten Morgen Parteigremien und Sitzungen einberufen, sondern uns nach dem aufreibenden Wahlkampf schlicht und ergreifend einmal einen Tag lang erholen.

Im Kursalon Hübner beim Wiener Stadtpark hatten später schon alle auf uns gewartet. Dort war eine unglaubliche Stimmung, als wir ankamen, und die Feier ging bis spät in die Nacht.

Irgendwann an diesem Abend kam eine Nachricht herein, dass es bereits erste Kontakte zwischen SPÖ und FPÖ geben soll – die beiden Parteien lagen praktisch gleichauf. Wir haben diese Information am Wahlabend dann noch aus weiteren Quellen erhalten. Von Personen in der FPÖ, die lieber eine Koalition mit uns als mit der SPÖ wollten, aber auch von Informanten in der SPÖ, die damals schon nicht mehr sonderlich begeistert von ihrem Obmann Christian Kern waren, und wir haben es auch von dem einen oder anderen gut informierten Medienvertreter berichtet bekommen.

Da kam mir der Gedanke, dass wir in Kürze in einer Situation sein könnten, in der wir die Wahl zwar gewonnen haben, in der aber dennoch eine Koalition an uns vorbei gebildet wird. Die sogenannte »Vranitzky-Doktrin«, laut der eine Zusammenarbeit der Sozialdemokratie mit den Freiheitlichen nicht infrage kommt, eine Art ungeschriebenes Gesetz bei der SPÖ, schien sich innerhalb weniger Stunden in Luft aufzulösen. Und daher wurde aus unserem Plan oder vielmehr Vorsatz, den Montag freizunehmen, letztlich doch nichts. Wir haben gleich am nächsten Tag mit Hochdruck weitergearbeitet, uns bestmöglich vorbereitet und sind dann schnell in Gespräche mit allen Parteien eingestiegen.

Tatsächlich gab es schon vor dem Wahltag Kontakte zwischen Christian Kern, Thomas Drozda und weiteren Personen aus der SPÖ mit den Freiheitlichen. Und ich kann mir vorstellen, auch gleich nach Bekanntwerden des Wahlergebnisses. Nun ging es für uns darum, schneller zu sein, denn wenn wir nicht rasch gehandelt hätten, dann hätten es die anderen getan.

Rechnerisch gab es für uns eigentlich nur zwei Optionen: entweder Türkis-Rot oder Türkis-Blau. Es war damals sehr schnell klar, dass eine Koalition mit der Sozialdemokratie nicht funktioniert hätte, denn Christian Kern war bitterlich enttäuscht über den Ausgang der Wahl. Er hätte nicht im Traum daran gedacht, als Vizekanzler mit mir zusammenzuarbeiten.

Der Grund, warum ich das so genau sagen kann, ist ein Treffen mit Christian Kern kurz nach der Wahl. Wir haben über dieses und jenes geredet und uns über den Verlauf des Wahlkampfes ausgesprochen. Damals habe ich natürlich versucht, auszuloten, ob es Konstellationen gäbe, in denen eine Zusammenarbeit mit der Sozialdemokratie möglich gewesen wäre. Ich hatte den Eindruck, von seiner Seite gab es aber keinerlei Bereitschaft, diesen Gedanken zu vertiefen. Was ich auch nachvollziehen konnte. Ich glaube, er wollte einfach nicht in einer Regierung arbeiten, die von mir angeführt wird. Mit anderen Personen wie zum Beispiel Hans Peter Doskozil wäre das vielleicht möglich gewesen. Aber Christian Kern hätte das erstens nicht unterstützt und er war nun einmal Parteichef. Zweitens liefen, soweit ich weiß, damals auch Gespräche zwischen Sozialdemokratie und Freiheitlichen und wir hatten keine Lust, zu warten, bis die beiden vielleicht eine Koalition an uns

vorbei zustande bringen. Drittens war unser Ziel ein Neu-
anfang und da gab es mit der FPÖ inhaltlich die größten
Schnittmengen.

Irgendwann während dieses Treffens stellte ich also die
unvermeidliche Frage: »Aber, Christian, könntest du dir
überhaupt vorstellen, mein Vizekanzler zu sein?«

Seine Reaktion war gelinde gesagt sehr verhalten. Er
hat eigentlich ab diesem Moment geschwiegen und es
war offensichtlich, dass diese Option für ihn nicht infrage kommt. Alleine die Vorstellung war ihm schon sichtlich
unangenehm.

Das nachträgliche Entsetzen von Teilen der SPÖ, wie
wir denn mit den Rechten regieren können, entsprach
schlicht nicht der politischen Realität. Tatsache ist, dass
die SPÖ selber gern mit der FPÖ regieren wollte, so hätte Kern Kanzler bleiben können. Dieses Kunststück ist ihr
aber nicht gelungen.

9

LINKS UND RECHTS

»Jedes leichtfertige ›Mehr‹ an Staat ist meiner
Ansicht nach problematisch und gefährlich.
Das bedingungslose Grundeinkommen ist so eine Idee.
Ich erachte es als Gift für unsere Gesellschaft.«

Ab den 1970er-Jahren verändern sich die politischen
Machtverhältnisse in Österreich kaum. Bei jeder Nationalratswahl kämpfen die beiden großen Parteien
SPÖ und ÖVP um den ersten Platz. Fünfzig Jahre
lang hält die SPÖ ihre Vormachtstellung aufrecht
– bis auf eine sechsjährige Amtszeit von Wolfgang
Schüssel, der mit der FPÖ von Jörg Haider regiert.
Aus Protest gegen Schüssels Koalition mit der FPÖ
reduzieren die Regierungen der 14 EU-Mitglieds-
staaten im Jahr 2000 die offiziellen Kontakte zur österreichischen Regierung auf ein Mindestmaß. Die
Ära Schüssel bildet auch den Beginn einer Protest-
welle gegen Rechts, die sich ab 2017 fortsetzt.

Der ehemalige Wiener Bürgermeister Michael Häupl hat
mich einmal als »Sozialistenfresser« bezeichnet. Das hat
mich nicht sonderlich beeindruckt. Aber ich gebe zu, dass
es stets mein Ziel war, gegen die Sozialdemokratie Wahlen
zu gewinnen, was ja in Österreich eher Seltenheitswert hat,
weil das Kräfteverhältnis normalerweise umgekehrt ist.

Es ist auch richtig, dass ich manche Ideen der Sozial-demokratie immer sehr kritisch gesehen habe. Es gibt aus meiner Sicht einen wesentlich besseren und wesentlich er-folgreicheren Weg für eine Gesellschaft als den sozialde-mokratischen. Eigenverantwortung, Leistung, Solidarität. Der Glaube daran, dass jeder einen Beitrag für die Gemein-schaft leisten kann und dass jedem Einzelnen dieser Bei-trag von der Gemeinschaft auch abverlangt werden sollte, ist für eine gut funktionierende und harmonische Gesell-schaft elementar.

Dies muss meiner Meinung nach das oberste Ziel unse-rer Gesellschaft und unseres Staates sein. Nur wenn jeder Bürger, jede Bürgerin einen Beitrag leistet, ist es dem Staat möglich, sich auch um jene zu kümmern, die weniger bei-tragen können und Unterstützung brauchen. Diese Maxi-me gilt sowohl für Menschen, die mit vielen Talenten ge-segnet sind, als auch für Menschen, die vielleicht in ihren Möglichkeiten eingeschränkt sind, weil sie zum Beispiel eine Behinderung haben oder krank sind. Es ist viel bes-ser, sich zu überlegen, wie und wo sich Menschen, egal mit welchen Voraussetzungen, einbringen und arbeiten kön-nen, statt sie zu Sozialhilfeempfängern und Bittstellern zu degradieren. Dadurch hindert man sie wirklich daran, ihr Potenzial voll zu entfalten. Der Bevölkerung zu sagen, »der Staat richtet das schon für euch«, ist vielleicht kurz-fristig die bequemste Lösung, wird langfristig aber nicht funktionieren.

Jedes leichtfertige »Mehr« an Staat ist meiner Ansicht nach problematisch und gefährlich. Das bedingungslose

Grundeinkommen ist so eine Idee. Ich erachte es als Gift für unsere Gesellschaft. Der Staat soll nur in Ausnahmefällen eine stärkere Rolle spielen. Dazu zählen definitiv Krisen wie die Coronapandemie.

Unseren Wohlstand verdanken wir nicht zuletzt einer Urgroßeltern-, Großeltern- und Elterngeneration, die unser Land nach dem Zweiten Weltkrieg aufgebaut und mit unendlichem Fleiß nach vorne gebracht haben.

Meine Oma ist als Donauschwäbin aus dem heutigen Serbien vertrieben worden und kam vollkommen mittellos nach Österreich. Sie hat dann begonnen, für Kost und Quartier auf einem Bauernhof zu arbeiten. Dann hat sie die Schneiderlehre gemacht und nach der Hochzeit mit meinem Opa Tag und Nacht auf dem Hof gearbeitet. Ich bin in einer bäuerlich geprägten Familie groß geworden, in der immer gearbeitet wurde, ganz gleich, ob das Erwerbsarbeit war, ehrenamtliches Engagement oder Familienarbeit.

Das alles war aber nur möglich, weil wir in Europa siebzig Jahre lang in Frieden unseren Wohlstand aufbauen konnten. Zur Zeit der Jugend meiner Oma erschien es noch als unvorstellbar, dass wir in einem vereinten Europa leben werden. In diesem Zusammenhang ist auch Südtirol international gesehen ein Vorbild, wie die Lösung von Minderheitenfragen geklärt werden kann. Das alles verdanken wir dem historischen Friedensprojekt EU.

Genauso freut es mich, zu sehen, wie gut sich manche Länder am Westbalkan, zum Beispiel Serbien, das Land, aus dem meine Oma noch fliehen musste, entwickeln. Wichtig ist aber die europäische Perspektive für alle Länder des

Westbalkans. Dafür habe ich mich stets eingesetzt, und das in der Tradition des berühmten österreichischen Außenministers und Vizekanzlers Alois Mock, der das schon in den frühen Neunzigerjahren als einer der Ersten erkannt hat. Denn wir dürfen hier als Europa kein Vakuum hinterlassen, das dann andere Länder wie Russland, China oder die Türkei füllen.

Mir war es auch immer ein Anliegen, dass die EU wettbewerbsfähig bleibt und nicht weiter Schulden anhäuft oder vergemeinschaftet. Wichtige Verbündete waren in dieser Frage der niederländische Ministerpräsident Mark Rutte, die dänische Ministerpräsidentin Mette Frederiksen und der schwedische Ministerpräsident Stefan Löfven.

Heute leben wir im 21. Jahrhundert. Work-Life-Balance, viel Freizeit, die schönen Seiten des Lebens, all das ist heute Realität und das ist auch gut so. Es ändert aber nichts an meiner Grundeinstellung. Wenn in einem Land nicht alle anpacken, kann das für das Land nicht gut sein. Der entscheidende Punkt ist: Ein ordentliches Bildungs-, Sozial-, Pensions- und Gesundheitssystem kann ein Staat sich nur dann leisten, wenn alle ihr Bestes geben.

Nach dem Wahlsieg 2017 hatten wir in erster Linie einen großen Veränderungswunsch. Ich erinnere mich immer wieder an die Aussage eines Freundes, als ich noch in der Jungen ÖVP ehrenamtlich tätig war. Wir haben uns damals über ein paar Spitzenpolitiker unterhalten und ich stellte irgendwann die Frage: »Was wollen die eigentlich?« Der Freund meinte: »Na ja, sie wollen das, was alle wollen.« Ich fragte: »Was wollen denn alle?« Und er meinte: »Ihr Mandat, ihre Gage und ihre Ruhe.« Und das war eben nie meine Vorstellung von Politik. Es war für mich auch immer schwierig, mit Leuten zu arbeiten, bei denen der Eindruck entsteht, dass es ihnen vollkommen reicht, in einer Funktion zu sein, dann aber nichts daraus zu machen. Wenn der Preis für ein Mandat ist, dass keine Veränderung möglich ist, dann war mir dieser Preis immer zu hoch. Lieber einen Konflikt als Stillstand. Sicher, es gab auch Tage, an denen ich mir dachte, bitte, schauen wir einfach nur, dass wir unseren Frieden haben. Jedem geht irgendwann die Kraft aus, jeder hat irgendwann Momente, in denen er sich denkt, der Konflikt wäre zwar jetzt notwendig und richtig, aber diesen Kampf müssen wir heute nicht auch noch führen. Grundsätzlich aber war mir das immer zu wenig. Und die rot-schwarze Koalition stand genau für diesen Stillstand, für die Vermeidung von Konflikten. Ruhe nur um der Ruhe willen.

In meinen ersten persönlichen Gesprächen habe ich Heinz-Christian Strache, Norbert Hofer und viele andere Verhandlungsführer der FPÖ stets als freundlich und auch verbindlich erlebt. Wir waren natürlich grundverschieden. HC Strache kam aus der FPÖ und dem Burschenschafter-Milieu, ich aus der christlich-sozial geprägten Volkspartei. Er hatte ausschließlich Erfahrung in der Opposition gesammelt, ich in der Regierungstätigkeit. Aber nicht nur sein Background und seine Erfahrungen standen diametral zu meinen, wir hatten auch unterschiedliche Zugänge und Eigenschaften. Trotzdem hatten wir immer eine ordentliche Gesprächsbasis und eine gute Zusammenarbeit in der Koalition, auch aus Verantwortung gegenüber dem Land.

Mein Zugang war immer, bei einem Menschen eher die Stärken als die Schwächen zu sehen. Heinz-Christian Straches Stärke war seine umgängliche Art. Er konnte im persönlichen Kontakt sehr gewinnend sein, während ich eher dafür bekannt war, sehr perfektionistisch zu sein. Und deshalb gab es – neben dem Inhaltlichen – auch eine Konfrontation völlig konträrer Zugänge, was meiner Ansicht nach jedoch vollkommen legitim ist. Und wie so oft sind die Stärken eines Menschen zugleich auch seine Schwächen. Umgänglichkeit führt nicht immer dazu, dass man jede freie Minute in intensive Arbeit investiert. Und mein Perfektionismus hat oftmals mich selbst und auch andere in eine gewisse Unruhe versetzt.

Bei den Koalitionsverhandlungen mit der FPÖ gibt es aus Sicht des Wahlgewinners zwei rote Linien. Erstens fährt die neue Volkspartei trotz mancher EU-Kritik eine proeuropäische Linie und verlangt das auch von ihrem Koalitionspartner. Die FPÖ hatte 2016 anlässlich des britischen Referendums eine Befragung der österreichischen Bevölkerung über einen Austritt aus der EU in den Raum gestellt. Zweitens verfolgt sie in ihrer Außenpolitik einen klar proisraelischen Kurs.

Was die Europäische Union betrifft, haben wir sehr selbstbewusst die österreichische Position eingebracht und waren bei manchen Themen Treiber, aber stets ein verlässlicher Partner. Die Ratspräsidentschaft wurde nach Meinung praktisch aller Mitgliedsstaaten professionell abgewickelt und von vielen gewürdigt. Im Kampf gegen den Antisemitismus und in unserem Verhältnis zu Israel sind wirklich historische Fortschritte gelungen. Wir haben nicht nur das Verhältnis zum Staat Israel massiv gestärkt, wir haben auch wichtige Akzente in der Erinnerungskultur gesetzt, die noch unter Türkis-Blau auf den Weg gebracht wurden. Mit der Öffnung der Staatsbürgerschaft für die Nachkommen von NS-Opfern wurde für viele ein Weg geschaffen, sich mit der alten Heimat ihrer Familien zu versöhnen und langsam wieder eine Österreich-Liebe zu entwickeln, obwohl diese Menschen Unglaubliches durchmachen mussten.

Natürlich herrschte am Anfang in Israel gegenüber dieser Koalition eine massive Skepsis. Eine Koalition mit einer Rechtspartei ist ja etwas, das dort aus Prinzip abgelehnt wird und vielleicht auch abgelehnt werden muss. Aber uns ist es dann sehr schnell gelungen, Überzeugungsarbeit zu leisten. Heute gibt es in Israel durchaus Anerkennung für das, was in jener Zeit gelungen ist, und das macht mich nicht nur als ehemaligen Bundeskanzler, sondern auch und vor allem als österreichischen Staatsbürger stolz.

Belastend waren aber die sogenannten »Einzelfälle«, die immer wieder ans Tageslicht kamen und natürlich auch unsere Zusammenarbeit erschwert haben. Rassistisches oder sogar nationalsozialistisches Gedankengut habe ich stets zutiefst abgelehnt und politisch bekämpft.

Auch in Brüssel war es zu Beginn aufgrund der neuen Regierungskonstellation recht schwierig. Ich werde nie die erste Sitzung der türkis-blauen Bundesregierung mit der Kommission in Brüssel vergessen. Was als freundschaftliches Arbeitsgespräch inklusive Mittagessen zur Vorbereitung der Ratspräsidentschaft gedacht war, begann jedoch sehr angespannt. Die Atmosphäre war sehr unangenehm. Der damalige Kommissionspräsident Jean-Claude Juncker ist der Freiheitlichen Partei, sagen wir einmal, nicht unbedingt freundlich begegnet.

Die FPÖ war von Junckers Verhalten so überrascht und auch schockiert, dass sie zunächst gar nicht reagiert hat.

Ein derartig agierender Kommissionspräsident war natürlich nicht hilfreich, denn das Ziel in Europa sollte sein, dass alle bestmöglich zusammenarbeiten, egal aus welcher politischen Ecke und aus welchem Mitgliedsstaat jemand kommt. In einer Union mit 27 Mitgliedsstaaten kann man sich daher ein Wahlergebnis, eine Regierungspartei, einzelne Minister nicht aussuchen, auch nicht als Kommissionspräsident.

Ich habe Juncker anschließend in einem Vieraugengespräch darauf angesprochen und ihn höflich daran erinnert, dass ein respektvoller Umgang über Parteigrenzen hinweg eigentlich selbstverständlich sein sollte und im Übrigen auch dem europäischen Geist entspricht. Viele in der Kommission haben das übrigens genauso gesehen. Nachdem mich Juncker schon jahrelang als Außenminister erlebt hatte und wir uns gegenseitig schätzen, ist es dann sehr schnell gelungen, die Wogen zu glätten und so ein gutes Miteinander während der Ratspräsidentschaft Österreichs sicherzustellen.

10

MESSAGE CONTROL

»Wenn man so will, ging es uns nicht darum,
die Medien zu kontrollieren, sondern vielmehr darum,
uns selbst zu kontrollieren. Das, was wir sagten.
Und wie wir es sagten.«

Der Begriff »Message Control« ist irgendwann einmal von einem Journalisten erfunden worden und man weiß gar nicht, wann oder von wem genau, aber er kommt jedenfalls unserem Anspruch sehr nahe. Der Anspruch war immer, dass eine Regierung sich offene Fragen möglichst untereinander hinter verschlossenen Türen ausmacht, um dann nach außen auch mit einer Stimme zu sprechen. Das war meinem Team und mir immer das Wichtigste, dass es Professionalität und einen entsprechend koordinierten Auftritt gibt.

Ich finde nichts schlimmer als Unprofessionalität und daher war es immer mein Ziel, die besten Leute für mein Team zu gewinnen. Gemeinsam haben wir eine klare Linie verfolgt, möglichst viele Expertenmeinungen eingeholt und rund um die Uhr die bestmögliche Arbeit geleistet. Dazu gehört in der Politik auch eine möglichst professionelle Kommunikation.

Als Außenminister habe ich miterlebt, wie sich Kollegen über Staaten lustig gemacht haben, die man besucht und wo man dann bei drei verschiedenen Terminen drei verschiedene Meinungen erfährt. Aufgrund von verschiedenen Koalitionspartnern oder zerstrittenen Ministern oder Widersprüchen zwischen Regierung und Parlament oder auch zwischen Präsident und Regierung. Und ich habe das ehrlicherweise immer furchtbar gefunden und es war mir ganz besonders unangenehm, wenn ich das Gefühl hatte, dass das in Österreich so der Fall war. Darüber hinaus hatte ich den Eindruck, dass massive Widersprüche in der Regierung nicht nur im Ausland für Verwirrung sorgen, sondern dass sich in solchen Situationen auch die Bevölkerung oft angewidert abgewandt hat. Daher war unser oberstes Ziel, in unserer Arbeit viel voranzubringen, aber eben auch, mit möglichst einer Stimme nach außen zu sprechen und weder die Bevölkerung noch andere Staaten dieser Welt durch Meinungsverschiedenheiten in der Regierung in die Irre zu führen.

Es gab immer wieder den Vorwurf, wir würden die mediale Berichterstattung kontrollieren wollen. Das war so nicht richtig. Es ging schlicht und ergreifend um den Versuch, Widersprüche, die es naturgemäß ständig gibt – nicht nur zwischen verschiedenen Parteien, sondern auch zwischen verschiedenen Fachgebieten –, zunächst intern zu klären, dann eine gemeinsame Linie zu finden und diese erst danach öffentlich zu kommunizieren. Oft möchte zum Beispiel das Sozialressort etwas anderes als die Wirtschaft. In der Pandemie sind die Bildungsinteressen andere als die Gesundheitsinteressen und auch die wirtschaftlichen Interessen sind nicht immer deckungsgleich.

In einer liberalen Demokratie hat ein Politiker ständig mit unterschiedlichen Ideen, Interessenanliegen und berechtigten Zugängen zu tun, die er immer wieder unter einen Hut bringen muss, und das tagtäglich. Da ist es nur vernünftig, zuerst innerhalb der Regierung eine gemeinsame Position zu erarbeiten und erst danach diese Position gemeinsam nach außen zu vertreten. Das schafft Orientierung und Sicherheit für die Bevölkerung.

Nicht jeder Mensch muss die Positionen der Regierung teilen, man kann auch durchaus eine andere Meinung vertreten, aber jeder hat zumindest ein Anrecht darauf, dass ihm die Position der Regierung verständlich und klar kommuniziert wird. Das ist für mich Professionalität. Ich glaube, dass jede Regierung versucht, möglichst professionell zu kommunizieren. Uns ist es, zumindest eine Zeit lang, wie ich glaube, auch ganz gut gelungen. Wenn man so will, ging es uns nicht darum, die Medien zu kontrollieren, sondern vielmehr darum, uns selbst zu kontrollieren. Das, was wir sagten. Und wie wir es sagten.

Die Basis dafür, dass das funktionieren kann, ist vor allem eine gute interne Kommunikation. Man muss ständig mit allen im Team in Kontakt stehen, mit den eigenen Ministern, dem Koalitionspartner, den Ländern und vielen mehr. Gerade wenn in der Politik etwas harmonisch wirkt, bedeutet das normalerweise, dass zuvor sehr viel Energie investiert wurde, um das Gemeinsame vor das Trennende zu stellen.

Letztlich kamen aber auch zwei völlig neue Faktoren unter Türkis-Blau und später auch bei Türkis-Grün hinzu, die die Kommunikation einfach verändert haben. Erstens war die Regierungskonstellation neu und die Regierungsparteien hatten sich als Ziel gesetzt, keine totale Streitkoalition mehr zu sein, wie das unter Rot-Schwarz in der Vergangenheit immer wieder der Fall war. Es war früher das tägliche Spiel, dass ein Koalitionspartner eine gewisse Position vertreten hat und Medienvertreter dann vom anderen Koalitionspartner eine widersprüchliche Stellungnahme erhielten. Somit war der Streit perfekt. Das war über Jahre ein lang geübtes Spiel, an das sich die Medienszene gewöhnt hatte. Unter Türkis-Blau und zu Beginn auch mit Türkis-Grün war das nicht mehr der Fall. Es schien fast so, als müssten viele Medienvertreter nach Jahrzehnten erst lernen, mit dieser völlig neuen Situation umzugehen.

Zweitens war auch die Zusammensetzung des Regierungsteams der Volkspartei neuartig. Als ich Parteiobmann wurde, hatte ich die Bedingung gestellt, dass ich mir meine Minister selbst aussuchen konnte. Unter Rot-Schwarz war es teilweise so, dass einige Bundesländer und Bünde quasi ihre eigenen Minister stellten. Das führte zu dem Eindruck, dass der eigentliche Chef des Ministers entweder ein Landeshauptmann oder ein Bündeobmann sei. Jedenfalls nicht der ÖVP-Obmann. Deshalb verfolgten die Minister unter Rot-Schwarz immer ihre eigene Agenda oder als Statthalter die Agenda eines Landeshauptmanns und teilweise widersprachen sie dem eigenen Parteiobmann.

In meinem Team war das nicht mehr der Fall. Ich hatte die Minister selbst ausgesucht. Alles Experten auf ihrem Gebiet. Den CEO eines der größten Versicherungsunternehmen Österreichs im Finanzressort, einen Uni-Vizerektor im Bildungs- und Wissenschaftsressort, eine Uni-Professorin im Frauenministerium, den ehemaligen Rechnungshofpräsidenten für Justiz und Reformen oder die Managerin des Jahres 2016 im Wirtschaftsressort. Es war mein Team.

Ich erinnere mich, dass mich damals kurz nach der Präsentation meines Ministerteams jemand aus der Partei fragte: »Du, aus welchem Bundesland ist eigentlich dieser Faßmann?« Ich antwortete scherzhaft: »Nordrhein-Westfalen.« Das führte freilich auch in der Kommunikation dazu, dass nicht jeder seine eigene Agenda oder die Agenda eines Landes- oder Bündechefs verfolgte, sondern die Agenda unseres gemeinsamen Teams.

Auch diese Situation war für manche Journalistinnen und Journalisten neu. Also nicht nur, dass die Koalitionspartner weniger miteinander stritten. Es gab auch innerhalb der Volkspartei kaum noch Streit. Das war eine völlig neue Welt für die Medien. Und sie versuchten, für diese neue Situation einen Begriff zu finden, eine Beschreibung der neuen Lage auf dem Kommunikationsmarkt. Und damit war der Begriff »Message Control« geboren.

Der interne Streit in der Volkspartei und in der Regierung war jedenfalls plötzlich reduziert. Und nicht nur das, es war eines der obersten Ziele aller im Team, möglichst gut zusammenzuarbeiten und das auch nach außen hin zu kommunizieren. Es entstand eine eigene neue und positive Dynamik im Team. Die Zusammenarbeit war im Gegensatz zu früher plötzlich planbar. Vereinbarungen zwischen den Koalitionsparteien hielten. Minister stimmten sich stärker und häufiger ab. Plötzlich war ein kompaktes, zielorientiertes Regieren möglich, bei dem alle an einem Strang zogen.

Zuletzt bestand mein Team neben inhaltlichen Referenten aus hart erprobten Pressesprechern, die mich lange begleiteten, viel Erfahrung hatten und auch für das gesamte Regierungsteam jederzeit Ansprechpartner waren. Gerald Fleischmann seit meinem Beginn in der Regierung 2011, Etienne Berchtold seit dem Außenamt 2014 und Johannes Frischmann seit Mitte 2017. Rupert Reif kam Ende 2019 dazu. Sie wurden damit zur zentralen Stelle für die Kommunikation nach außen für die gesamte Regierung. Die professionelle Kommunikation funktionierte – und das muss man dazusagen – aufgrund der vertrauensvollen Basis mit den Ansprechpartnern auf FPÖ-Seite. Selbst bei Türkis-Grün gab es zu Beginn ein ähnliches Ziel und ein gutes Vertrauensverhältnis. Zudem kam schon bald nach Amtsantritt die Pandemie. Diese außergewöhnliche Situation hat eine gemeinsame, professionelle Kommunikation – trotz aller inhaltlichen Differenzen – überlebensnotwendig gemacht.

Es gab dann auch den Vorwurf, dass uns manche Medien besser behandeln würden als andere. Das fand ich immer lächerlich, denn ich glaube, zunächst einmal gibt es in kaum einem anderen Land der Welt unserer Größenordnung so viele verschiedene Medien. Zum Zweiten ist das mit Abstand größte Medium der ORF, der während meiner gesamten politischen Zeit unter der Führung eines Generaldirektors stand, der sogar SPÖ-Parteimitglied war. Und zum Dritten glaube ich, dass ich während meiner ganzen politischen Zeit nicht unbedingt mit überbordend guter Berichterstattung und überbordend guter medialer Unterstützung gesegnet war.

Politik befüllt Tag für Tag Titelseiten und Meldungen in den Nachrichten. Widersprüche in der politischen Kommunikation einer Regierung sorgen für Verunsicherung in der Bevölkerung und die sorgt wiederum für einen allgemeinen Vertrauensverlust in die Politik. Daher war es für mich immer essenziell, ein Höchstmaß an Professionalität und Einheitlichkeit in der Kommunikation des Regierungsteams nach innen und nach außen sicherzustellen.

11

MERKEL

»Ich glaube, als überzeugte Demokratin empfand
Angela Merkel durchaus Anerkennung dafür, dass
jemand ihr gegenüber offen eine andere Meinung vertrat.
Sie hätte es aber vielleicht lieber gehabt, wenn wir
noch öfter einer Meinung gewesen wären.«

Das erste Vieraugengespräch mit Angela Merkel findet im Juni 2017 vor dem Europaratstreffen in Brüssel statt, ein halbes Jahr bevor Kurz Bundeskanzler wird. Es ist Usus, dass es bei solchen Anlässen einen Austausch auf Parteiebene gibt. Die Vorsitzende der deutschen CDU trifft den Außenminister und ÖVP-Obmann in spe im Palais Royal, direkt um die Ecke vom Königspalast. Die Besprechung ist für eine halbe Stunde angesetzt. Es ist ein heißer, schwüler Tag.

Angela Merkel und ich haben uns von Anfang an gut verstanden, die Atmosphäre war entspannt. Es zeigte sich allerdings bereits damals, dass wir zwar in sehr vielen Bereichen auf einer Linie waren, in einigen sehr wichtigen Bereichen jedoch diametral anders dachten. Vor allem beim Thema Migration, aber auch beim Verhältnis zur Türkei. Da suchte Merkel immer den Dialog und Ausgleich, während ich der Türkei über Jahre hinweg deutlich kritischer gegenüberstand.

Grundsätzlich war es in der Europäischen Union stets so, dass die Masse an Themen zwischen Deutschland und Frankreich abgestimmt wurde und kleinere Staaten in vielen Fragen diese Positionen nicht mehr hinterfragt haben. Bei allem Verständnis für die Notwendigkeit einer Führungsrolle von Deutschland und Frankreich und bei vollkommenem Respekt für die Größenverhältnisse innerhalb der Europäischen Union war mein Zugang bei einigen Themen, die mir besonders relevant erschienen, ein anderer.

Als Republik Österreich haben wir in Brüssel Sitz und Stimme. Und das bedeutete in meinen Augen stets, nicht nur dort zu sitzen, um alles abzunicken, sondern auch seine Stimme zu nutzen, wenn man der Meinung war, dass etwas nicht richtig ist. Natürlich kooperieren wir als souveräner Staat, wo es Sinn macht, aber eben nicht um jeden Preis. Das war auch immer mein politisches Credo. Ich wollte Politik machen, um etwas zu tun, und nicht, um etwas zu sein.

Am 31. August 2015 bei ihrer Pressekonferenz zur Flüchtlingskrise in Berlin sagte Angela Merkel einen Satz, der in die Geschichtsbücher eingehen würde: »Wir schaffen das!« Ich habe diese Meinung nie geteilt oder unterstützt, aber ich halte auch nichts davon, alles auf eine Aussage zu reduzieren. Die Flüchtlingskrise war wesentlich komplexer, mehr als nur Einladungspolitik oder Grenzen dicht.

Das Dublin-Abkommen regelt, welcher Staat für die Bearbeitung eines Asylantrags innerhalb der EU zuständig ist. Ein Flüchtling muss in dem Staat um Asyl bitten, in dem er den EU-Raum erstmals be-

treten hat. Dies geschieht besonders häufig an den EU-Außengrenzen, etwa in Italien, Griechenland oder Ungarn. Tut er dies nicht und stellt den Antrag in einem anderen Land, kann er in den Staat der ersten Einreise zurückgeschickt werden – auch zwangsweise. 2015 passiert das so nicht mehr. Eine Million Menschen kommen nach Europa und fast 90.000 Personen stellen einen Asylantrag in Österreich. Sebastian Kurz erklärt das Dublin-Abkommen für »gescheitert«.

Die Flüchtlingskrise entstand vor allem dadurch, dass illegale Migration geduldet wurde und die Politik, anstatt gegen Schlepper vorzugehen, Menschen bei ihrem Versuch, bis nach Mitteleuropa zu gelangen, sogar noch unterstützt hat. Das war überhaupt nicht im Sinne des europäischen Rechts oder der Menschenrechtskonvention. Das Dublin-Abkommen sah immer vor, dass Menschen, die aus einem Kriegsgebiet fliehen müssen, in einem Nachbarland oder im Fall der EU im ersten Land innerhalb der Europäischen Union, dessen Boden sie betreten, um Asyl ansuchen können. Österreich ist bekanntlich ein Binnenland ohne Meerzugang. Es war ganz offensichtlich, dass diese Menschen nach ihrer Überfahrt in Griechenland oder in Bulgarien europäischen Boden betreten haben, in der Folge die EU aber verlassen haben, indem sie durch die Balkanländer durchgezogen sind. Dann betraten sie wieder europäischen Boden, zogen von dort aber weiter bis nach Österreich, Deutschland oder Schweden. Das Dublin-

Abkommen wurde so ad absurdum geführt. Aber all jene, die darauf hingewiesen haben, wurden als herzlos und unmenschlich hingestellt.

Weil im Frühjahr auf entsetzliche Weise Boote gesunken waren und sehr viele Menschen ertranken, dachten bis zum Sommer alle, dass die Menschen über das Meer aus Afrika nach Italien kommen und von dort weiter nach Mitteleuropa ziehen. Das Bild, das sich in der Öffentlichkeit eingeprägt hatte, war die Route mit dem Boot über das Meer.

Wir hatten aber Berichte, dass eine größere Anzahl von Menschen auch über den Balkan kommt, zu Fuß, per Bus, per Kastenwagen. Im August gab es Berichte, dass die Schlepper die Leute einfach in den Zug in Budapest setzten. Ich ersuchte den Stabsstellenleiter für Strategie und späteren Außenminister Alexander Schallenberg, Berichte einzufordern und zu sortieren, um ein ganzheitliches Bild der Lage zu bekommen. Auf diese Weise entdeckten wir erstmals die später sogenannte »Balkanroute«. Fast alle nahmen diesen Weg, nicht jenen über das Mittelmeer.

Demetrios G. Papademetriou war Politikwissenschaftler, Präsident und Mitbegründer des Migration Policy Institute (MPI) in Washington, D.C., einem Thinktank, der sich dediziert mit internationaler Migration beschäftigt. Er war auch Präsident des Migration Policy Institute Europe in Brüssel, einem gemeinnützigen Forschungsinstitut, und Vorsitzender, unter anderem beim Weltwirtschafts-

forum und der OECD, sowie Berater in mehr als zwanzig Ländern. Papademetriou starb im Jänner 2022 im Alter von 75 Jahren.

Ich sprach mit dem Migrationsexperten Papademetriou.
Ich fragte ihn: Was passiert da?
Er meinte: Es ist eine neue Völkerwanderung im Gange.
Ich fragte ihn damals: Wie viele wollen kommen?
Er: Sechzig Millionen.
Ich fragte: Und wie viele davon werden kommen?
Seine Antwort: Wenn ihr nichts tut, alle.

Wir entschieden daraufhin, an die Öffentlichkeit zu gehen.

Während bis in den August hinein ganz Österreich noch über Zelte stritt, reiste ich nach Mazedonien. Dort waren sehr viele Medien vertreten. Denn wenige Tage zuvor hatte eine Gruppe Migranten die örtliche Polizei überrannt. Es gab Bilder vom Einsatz mit Tränengas. Die Migranten setzten sich durch. Die Balkanroute rückte erstmals in das Licht der Weltöffentlichkeit. Wenige Tage später präsentierten wir unsere Strategie zum Umgang mit der Migrationsfrage. Schon damals sprachen wir uns für Hilfe vor Ort und sichere Zonen vor Ort in der Region aus. Die Aufnahme sollte per »Resettlement« erfolgen, also eine gesteuerte Aufnahme anstatt der unkontrollierten, illegalen Zuwanderung.

Die öffentliche Debatte begann sich nun zu drehen. Weg von der Frage »Wohin mit den Menschen?« und hin zur Frage »Wie soll man mit der Balkanroute umgehen?«. Ich sprach mich erstmals für die Notwendigkeit von Grenzkontrollen aus, um illegale Migranten an den Grenzen zu stoppen. Dafür wurde ich äußerst scharf kritisiert. Auch vom eigenen Parteichef, der sich gegen Grenzkontrollen stellte.

Ich kann menschlich absolut nachvollziehen, dass Flüchtlinge für sich und oft auch für ihre Familie versuchen, ein neues Leben in Österreich, Deutschland oder Schweden zu beginnen. Wenn ihnen signalisiert wird: »Kommt nur, wir schaffen das!«, dann mag das vielleicht menschlich klingen, aber in Wahrheit ist so etwas für die einzelnen Staaten einfach nicht zu bewältigen. Und es ist zudem etwas, das rechtlich so auch niemals vorgesehen war.

»Anderswo auf der Welt leiden so viele Menschen, nehmen wir sie doch in Europa auf!« Das ist eine sehr einfache Geschichte. Oder so zu tun, als würden Menschen im Mittelmeer ertrinken, weil wir sie nicht aufnehmen. Die Wahrheit ist, dass viele Menschen erst einer massiven Gefahr ausgesetzt waren, als sie sich auf den Weg gemacht haben, ihnen Schlepper Hab und Gut abgenommen und ihnen die Überfahrt übers Mittelmeer und somit die illegale Reise nach Europa organisiert haben. Für viele hat dieser Weg tödlich geendet. Es hat sehr viel Kraft gekostet, die Öffentlichkeit mit Zahlen, Daten und Fakten zu überzeugen und den Menschen klarzumachen, dass nicht immer die einfachsten Geschichten richtig sind. Die Politik der offenen Grenzen hat nicht nur dazu geführt, dass Schlepper Unsummen verdient haben, sondern auch Menschen ihr Leben verloren haben.

Mir war bewusst, dass das ein völlig abwegiger Gedanke war, in einem vereinten Europa nach Schengen wieder

Grenzkontrollen einzuführen. Aber ich dachte immer an Papademetriou.

Es gab damals schon viele Stimmen aus dem Nahen Osten und Israel, die vor unbegrenzten Migrationsströmen gewarnt haben. Mitstreiter in der EU waren anfangs nur einige osteuropäische Länder und manche konservativen Politiker, wie zum Beispiel der griechische Premierminister Mitsotakis, der damals noch in der Opposition war. Diese Gruppe, die am Anfang sehr klein war, ist dann Schritt für Schritt größer geworden. Es waren aber auch Politiker aus ganz anderen Ländern und Kulturkreisen, die sich auf unsere Seite gestellt haben. Ich erinnere mich noch sehr gut, dass ich im Nahen Osten, aber auch in Israel oder in den Vereinigten Arabischen Emiraten immer wieder darauf aufmerksam gemacht wurde, dass diese Migrationsströme ein erhebliches Sicherheitsrisiko bedeuten.

Im August 2015 bekamen wir beispielsweise Informationen aus Mazedonien, dass unter den Migranten Dschihadisten waren. Auf deren Smartphones sei eindeutiges Material gefunden worden. Auch das bestärkte uns in der Sicht, dass die unkontrollierte Aufnahme falsch war.

Auch in Dänemark und anderen skandinavischen Ländern, in Frankreich oder Spanien hat sich der Zugang zur Migration massiv verändert. In Vieraugengesprächen haben später viele Politiker zugegeben, dass sie nicht richtig gelegen sind.

»Es wird nicht ohne hässliche Bilder gehen« – für diesen Satz bin ich damals sehr kritisiert worden. Wie so oft wurde er aus dem Zusammenhang gerissen und dann um-interpretiert. Ich wollte damit ausdrücken, was passiert, wenn Menschen gewaltsam versuchen, Grenzen zu stürmen, und wir, was unsere Aufgabe wäre, diese Menschen stoppen müssten. Wenn ein Staat seine Grenzen nicht mehr schützt, dann gibt er seine Souveränität auf. Dann entscheidet nicht mehr der Staat, wer zuwandert und wer nicht. Manche haben so getan, als hätte ein Staat diese Wahl überhaupt nicht. Und als würde ich es gutheißen, wenn es zu hässlichen Bildern käme. Nein, ich habe nur darauf hingewiesen, dass wir als Europa die Entscheidung treffen müssen, ob wir bereit sind, Menschen, die illegal einzureisen versuchen, zu stoppen oder nicht.

Am 27. August 2015 entdeckt ein Mitarbeiter der ASFiNAG auf der Ostautobahn bei Parndorf einen Kühl-Lkw, der auf dem Pannenstreifen abgestellt ist. Im Inneren des Fahrzeugs befinden sich die Leichen von 71 Flüchtlingen aus Afghanistan, Syrien, dem Irak und dem Iran, unter ihnen mehrere Kinder. Die ungarischen Behörden hören ein Funkgespräch der geflüchteten Schlepper ab, das sie während der Todesfahrt mit ihren Auftraggebern führen. Als die Männer schildern, dass die »lebende Fracht« keine Luft bekommt, erhalten sie den Befehl: »Weiter-fahren! Und falls sie sterben sollten, dann ladet ihr sie in Deutschland in einem Wald ab.« Wenige Tage nach dem Flüchtlingsdrama beginnt die große Flüchtlingswelle.

Nichts könnte die Skrupellosigkeit der Schlepper, ihr infames Spiel mit dem Schicksal von Menschen ohne jede Perspektive, deutlicher machen als dieses Drama im August 2015. Mich hat das damals irrsinnig wütend gemacht, dass so ein System in Europa allen großen Reden zum Trotz letzten Endes einfach hingenommen wird. Es war jedem klar, dass sich die meisten Flüchtlinge, die es bis nach Europa schaffen, solcher Schlepper bedienen. Ich war nicht erst seit damals, sondern schon lange vor diesem schrecklichen Ereignis der festen Überzeugung, dass die Schlepperindustrie weltweit und mit großer Entschlossenheit bekämpft werden muss, mit mindestens genau der gleichen Härte und Entschlossenheit wie der internationale Drogenhandel oder andere kriminelle Netzwerke.

Offene Grenzen waren 2015 die Mehrheitsmeinung. Ich wurde manchmal gefragt, wo die Grenze zwischen meiner harten Linie in der Migrationsfrage und Populismus verläuft. Ein Populist ist für mich jemand, der eine Meinung vertritt, nur weil er sich dadurch breite Unterstützung erhofft. 2015 konnten jene mit breiter Unterstützung rechnen, die Flüchtlinge am Wiener Westbahnhof mit Jubel empfangen geheißen haben. Die Politik der offenen Grenzen war populär und Mainstream. Diese Politik infrage zu stellen, war höchst unpopulär und eine Minderheitsmeinung. Deshalb finde ich den Populismusvorwurf, vorsichtig gesagt, absurd.

Ich erinnere mich, dass der damalige deutsche Außenminister Frank-Walter Steinmeier bei der Pressekonferenz im August 2015 berichtete, dass er Kolonnen von Migranten auf der Autobahn vom Flughafen Wien-Schwechat aus gesehen habe. Das war selbst mir neu. Die Polizei bestätigte uns, dass in diesen Tagen die ersten Kolonnenbildungen begonnen hatten.

Damals wurde eine falsche Politik, nämlich die unbegrenzte Aufnahme von Flüchtlingen, unterstützt von der Regierung Faymann-Mitterlehner, zur offiziellen Politik der EU.

Natürlich hat jeder Politiker in einer Demokratie, in der es immer auch darum geht, gewählt zu werden, die Frage im Kopf, wofür es Mehrheiten gibt, was durchsetzbar ist und was nicht. Aber gerade in dieser emotional so aufgeheizten Migrationsfrage war mein Zugang niemals diesen Überlegungen, sondern immer einer ehrlichen Überzeugung geschuldet. Ich habe diese Linie immer vertreten und ich habe für diese Linie gekämpft, die zu Beginn eine Minderheitsmeinung war und dann irgendwann zu einer Mehrheitsmeinung geworden ist. Nicht nur in der österreichischen Bevölkerung, sondern in ganz Europa.

Als Politiker erlebt man sehr viel Druck von unterschiedlichen Seiten, die Meinung in die eine oder andere Richtung zu verändern. Es gibt den innerparteilichen Druck, den Druck des Koalitionspartners, Druck aus der Bevölkerung, Druck aus den Medien, Druck aus den sozialen Netzwerken. Dem standzuhalten und nicht beliebig zu werden, das ist die wahre Königsdisziplin in der Politik.

Und nicht nur in dieser Frage war Wolfgang Schüssel immer eines meiner Vorbilder. Er ist ein unglaublich gebildeter, sehr erfahrener Staatsmann mit ganz klaren Haltungen. Wenn ich etwas von ihm gelernt habe, dann war es sicherlich, den eigenen Überzeugungen treu zu sein und zu bleiben, auch wenn es Gegenwind gibt.

In meinem Fall war es unter anderem eben die Migrationsfrage.

Am 24. Februar 2016 findet in Wien eine Balkan-Konferenz statt. Unter dem Titel »Managing Migration together« wollen Innenministerin Johanna Mikl-Leitner und Außenminister Sebastian Kurz mit den Innen- und Außenministern von Albanien, Bosnien-Herzegowina, Bulgarien, dem Kosovo, Kroatien, Mazedonien, Montenegro, Serbien und Slowenien über eine gemeinsame Politik in der Flüchtlingsfrage beraten. Das EU-Mitglied Griechenland, das damals von Alexis Tsipras regiert wird, ist nicht eingeladen. Die EU kritisiert den Alleingang Österreichs.

Es hat lange gedauert, bis sich diese falsche Politik vollständig verändert hat. Die Westbalkan-Konferenz 2016 und die Schließung der Balkanroute haben damals viel Entrüstung ausgelöst. Ich habe Seite an Seite mit der damaligen Innenministerin Johanna Mikl-Leitner für Veränderung gekämpft. Diese Schritte haben in der Folge auch Länder wie Deutschland oder Schweden davor bewahrt, dass noch mehr Menschen gekommen wären, deren Versorgung und Integration nicht sichergestellt hätten werden kön-

nen. Denn selbst fast zehn Jahre später sind viele Flüchtlinge noch immer nicht integriert. Einfach weil sie aus
ganz anderen Kulturkreisen kommen, weil viele von ihnen
schlecht ausgebildet sind und einige von ihnen nicht einmal in der Lage waren, in ihrer eigenen Muttersprache zu
lesen oder zu schreiben. Es wurde alles versucht, um diese
Menschen bestmöglich zu integrieren. Bei vielen ist es gelungen, bei vielen aber bis heute nicht.

**In Deutschland gibt es für Österreichs Haltung in
der Flüchtlingskrise ein großes mediales Interesse. Vor allem die auflagenstarke *BILD*-Zeitung mit
Millionen von Leserinnen und Lesern berichtet
ausführlich über die harte Migrationspolitik des
österreichischen Regierungschefs. Sie positioniert
den »Ösi-Kanzler« und »Wunderwuzzi« gegen die
deutsche Kanzlerin Angela Merkel, in deren CDU
man »so einen jungen Sympathieträger vergeblich
sucht«.**

Wenn man auf europäischer Ebene etwas durchsetzen
möchte, etwa eine konträre Migrationspolitik, dann ist
Kommunikation ein wichtiges Instrument. Für mein Team
und mich war es deshalb relevant, die öffentliche Meinung
im mit Abstand stärksten Land der Europäischen Union
mitzugestalten. Daher haben wir natürlich die Möglichkeiten genutzt, unsere Positionen dort zu kommunizieren.
Nicht nur in der *BILD*-Zeitung, sondern ich habe auch mit
der *FAZ*, dem *Spiegel*, der *Welt* und vielen anderen deut-

schen Medien immer wieder Interviews geführt und unsere Positionen vertreten.

In vielen Fragen waren wir Verbündete von Deutschland und haben somit die deutsche Linie grundsätzlich unterstützt, ohne jedes Detail kritisch zu hinterfragen. Alles andere hätte Unruhe ins System gebracht. Aber einen Weg mitzugehen, von dem ich das Gefühl hatte, dass er großen Schaden anrichtet, das hätte ich mir nicht vorstellen können. Auch wenn das damals eine Minderheitsmeinung war – gegen die eigene Haltung, gegen das eigene Gewissen einfach mit dem Mainstream mitzuschwimmen, das wäre für mich niemals infrage gekommen.

Mit Angela Merkel hatte ich trotz allem immer eine gute Arbeitsbeziehung.

Sie hat mir auch bei einem unserer ersten Gespräche das Du-Wort angeboten, was für sie ungewöhnlich war, weil sie sogar mit einem Großteil ihrer eigenen Minister per Sie war.

Ich glaube, als überzeugte Demokratin empfand Angela Merkel durchaus Anerkennung dafür, dass jemand ihr gegenüber offen eine andere Meinung vertrat. Sie hätte es aber vielleicht lieber gehabt, wenn wir noch öfter einer Meinung gewesen wären. Ich habe den Austausch mit ihr sehr geschätzt. Sowohl die persönlichen Gespräche, bei denen sie sich immer auch gern mit Details auseinandergesetzt hat und in die Tiefe gegangen ist, als auch die regelmäßigen Telefonate.

Wir sind beide Christdemokraten und haben eine ähnlich positive Weltanschauung. Zu Beginn der Pandemie war unser Austausch besonders intensiv, da hatten wir einen fast identen Blick auf die Dinge, aber auch bei vielen Themen innerhalb der Europäischen Union, die nie den Weg an die Öffentlichkeit gefunden haben, waren wir einer Meinung. Angela Merkel war zu Beginn meiner Kanzlerschaft zweifellos eine bereits sehr erfahrene und besonnene Politikerin.

Als sie im Dezember 2021 nach 5.860 Tagen im Amt die Regierungsgeschäfte an ihren sozialdemokratischen Nachfolger Olaf Scholz übergab, haben wir das letzte Mal telefoniert. Ich war damals schon nicht mehr Bundeskanzler. Sie hatte 17 Jahre Kanzlerschaft hinter sich.

Angela Merkel verkörpert die Freiheit unseres Kontinents wie keine andere. In einem Überwachungsregime aufgewachsen kämpfte sie mit vielen Tausend anderen DDR-Bürgern für Freiheit. Was mit kleinen Montagsdemonstrationen begann, endete als friedliche Revolution mit dem Fall der Berliner Mauer und dem endgültigen Zusammenwachsen unseres geteilten Kontinents. Ihr ganzes politisches Wirken galt der Freiheit und der Festigung der europäischen Einheit. In der Finanz-, Euro- und Griechenland-Krise konnte dank Angela Merkel und ihrem Finanzminister Wolfgang Schäuble ein erneutes Auseinanderdriften Europas in nationale Eigeninteressen, wie wir es nur aus den Geschichtsbüchern kennen, verhindert werden.

Viele haben immer wieder die Frage gestellt, was sie hinterlassen hat. Für meine Generation ist es ja ganz selbstverständlich, dass Frauen gleichberechtigt sind und dieselben Chancen haben müssen wie Männer. Angela Merkel stammt noch aus einer Zeit, in der das nicht so war. Mit ihrem Aufstieg zur Kanzlerin hat sie klargemacht, dass jede Führungsposition auch von einer Frau eingenommen werden kann. Das ist in meinen Augen ihr wahres Vermächtnis.

12

PUTIN

*»Von seiner Persönlichkeit her ist Putin das
genaue Gegenteil zu Trump. Sehr kühl, diszipliniert,
immer gut vorbereitet. Ich hatte das Gefühl, dass keine
Regung, kein Wort dem Zufall überlassen ist. Auch
wenn das Verhältnis zwischen Europa und Russland
stets angespannt war, hat es kaum jemand – auch ich
nicht – für möglich gehalten, dass er alle Grenzen
überschreitet, diesen Angriffskrieg vom Zaun bricht
und damit unsägliches Leid verursacht.«*

Seine erste Reise außerhalb der EU führt den Bundeskanzler am 28. Februar 2018 nach Moskau. In
der Ostukraine herrscht damals schon Krieg. Die
EU hat wegen der völkerrechtswidrigen Annexion
der Krim und der Unterstützung der Separatisten
in der Ostukraine Sanktionen gegen Russland ver-
hängt. Die FPÖ, damals Regierungspartner, spricht
sich immer wieder gegen diese Sanktionen aus. Das
Arbeitsgespräch mit dem russischen Präsidenten
Wladimir Putin findet im Kreml, dem imposanten
Ensemble mit seinen Mauern, den goldenen Kuppeln
der Kathedralen und dem Roten Platz, statt.

So beeindruckend dieses Bauwerk auch ist, ich hatte bei all
meinen Auslandsreisen ehrlicherweise wenig Kopf für Ge-

bäude und Settings. Als Außenminister stumpft man leider Gottes ein Stück weit ab. Termine und Staatsempfänge in historisch eindrucksvollen Räumlichkeiten zu verbringen, wird fast etwas Alltägliches. Wir haben solche Räumlichkeiten als geschichtsträchtiges Land natürlich auch bei uns. Aber der Kreml oder auch der Präsidentenpalast in Peking sind nochmals ganz andere Dimensionen.

Ich habe in Moskau immer die Linie der Europäischen Union vertreten, zugleich war ich aber der Meinung, dass das Blockdenken zwischen Ost und West nicht mehr zeitgemäß ist und wir eine Trendumkehr in unseren Beziehungen zwischen Russland und der Europäischen Union brauchen.

Wenn man öfter miteinander zu tun hat, dann verbessert sich die Gesprächsbasis stetig, die Atmosphäre wird zunehmend lockerer. Und nachdem Wahlergebnisse in der Politik vor allem auf höchster Ebene letztlich immer auch den eigenen Stellenwert bestimmen, habe ich stark wahrgenommen, dass mir die erfolgreich geschlagenen Wahlen 2017 und 2019 bei internationalen Kontakten einen starken Rückenwind gegeben haben.

Von seiner Persönlichkeit her ist Putin das genaue Gegenteil zu Trump. Sehr kühl, diszipliniert, immer gut vorbereitet. Ich hatte das Gefühl, dass keine Regung, kein Wort dem Zufall überlassen ist. Auch wenn das Verhältnis zwischen Europa und Russland stets angespannt war, hat es kaum jemand – auch ich nicht – für möglich gehalten, dass er alle Grenzen überschreitet, diesen Angriffskrieg vom Zaun bricht und damit unsägliches Leid verursacht.

Aufgrund seiner Vergangenheit in der DDR beherrscht Putin die deutsche Sprache perfekt, er spricht sie aber nur im Vieraugengespräch. Sobald andere Personen mit im Raum waren, wurde auf Dolmetscher zurückgegriffen.

An dem langen, weißen Tisch, der seit dem russischen Angriffskrieg auf die Ukraine in den Medien präsent war, bin ich nie gesessen. Wir saßen in zwei Sesseln vor einem Kamin. Es war noch vor Ausbruch der Pandemie. Draußen war es eisig kalt, minus 22 Grad.

Bei den Treffen mit Putin standen neben geopolitischen Fragen und dem Verhältnis zwischen Russland und der EU meist wirtschaftliche Themen im Vordergrund. Denn für viele österreichische Unternehmen, vom Banken- bis hin zum Energiesektor, war Russland seit dem Zusammenbruch der Sowjetunion ein wichtiger Wachstumsmarkt. Für Europa war Russland zudem über Jahrzehnte ein wichtiger und zuverlässiger Energielieferant, selbst am Höhepunkt des Kalten Krieges. Im Außenhandel bleibt Russland nämlich trotz der Versuche Putins, die russische Wirtschaft zu diversifizieren, vor allem ein wichtiger Rohstoffexporteur. Daran hat sich wenig geändert und die Energiepreiserhöhungen haben bisher zu einem Handelsüberschuss für Russland von 265 Milliarden US-Dollar geführt. Russland ist der weltweit zweitwichtigste Lieferant von Rohöl nach Saudi-Arabien und der zweitwichtigste Gaslieferant global gesehen nach den USA. Das amerikanische Ölembargo und die EU-Sanktionen hat Russland zum Anlass genommen, vor allem Erdöl an andere Märkte wie Indien, die Türkei oder Saudi-Arabien zu verkaufen.

Eines der Themen, die Putin – übrigens bei jedem Treffen – als eines der ersten angesprochen hat, war seine Enttäuschung über die NATO. Sie habe seiner Meinung nach das Versprechen gebrochen, nicht weiter nach Osten zu rücken. In seinen Augen hätten die westlichen Partner derartige Zusicherungen nach dem Zerfall des Warschauer Paktes gemacht und trieben nun die Erweiterung Richtung Russland voran.

Kissinger äußert sich dazu in seinem aktuellen Buch *Staatskunst* auf Seite 540: »Nach der Desintegration der sowjetischen Satellitenstaaten in Osteuropa und ihrer Neuentstehung als unabhängige Nationen wurde das gesamte Territorium vom Eisernen Vorhang im Zentrum Europas bis hin zur Staatsgrenze Russlands für eine neue strategische Gestaltung geöffnet ... Würde die Ukraine der NATO beitreten, würde die Sicherheitslinie zwischen Russland und Europa weniger als 500 Kilometer von Moskau entfernt verlaufen – und damit würde die historische Pufferzone beseitigt, die Russland in früheren Jahrhunderten geschützt hatte, als Frankreich und Deutschland versuchten, das Land zu besetzen. Würde die Sicherheitslinie an der westlichen Grenze der Ukraine gezogen, stünden russische Truppen in Angriffsdistanz zu Budapest und Warschau. Die Invasion der Ukraine im Februar 2022, dieser ungeheuerliche Verstoß gegen das internationale Recht, ist daher Großteils der Auswuchs eines gescheiterten strategischen oder nur halbherzig geführten Dialogs.«

Es mag schon sein, dass russische Sicherheitsinteressen berührt wurden, aber es ist ein unverrückbares Grundprinzip der Völkerrechtsordnung, dass sich jeder souveräne Staat selbst aussucht, ob er einen westlichen oder östlichen Weg einschlagen will.

Als im Dezember 2013 auf dem Majdan, dem zentralen Platz der ukrainischen Hauptstadt Kiew, die Proteste beginnen und Putin 2014 die Halbinsel Krim annektiert, ist Sebastian Kurz Außenminister. Im März 2014 besucht er Kiew und trifft unter anderem den Bürgermeister von Kiew, Vitali Klitschko, den er bereits bei der Münchner Sicherheitskonferenz Anfang 2014 kennengelernt hat. Der kritische Blick des Westens auf Russland existiert schon damals. Insbesondere die baltischen Staaten und Polen haben ein angespanntes Verhältnis zu Russland und warnen, dass es jederzeit zu einer akuten Bedrohungssituation für Europa kommen kann.

In meiner Zeit als Außenminister habe ich die Ereignisse vom Majdan miterlebt, inklusive der Annexion der Krim und des Konflikts im Osten der Ukraine. Mit diesen Ereignissen hat sich das Verhältnis zwischen dem Westen und dem Osten und zwischen der Europäischen Union und Russland massiv verschlechtert. Es gab auch damals Todesopfer in der Ukraine, eine bewaffnete Auseinandersetzung, Sanktionen seitens der Europäischen Union und wiederum Gegensanktionen von russischer Seite. Aber dass russische Truppen bis nach Kiew vorrücken könnten, damit hat damals niemand gerechnet.

Wenn heute beklagt wird, dass Österreich es verabsäumt habe, stärker gegen Russland aufzutreten, dann ist das aus meiner Sicht nicht ganz nachvollziehbar. Österreich ist ein kleines, neutrales Land mit begrenzten militärischen Möglichkeiten. Den Hardliner gegenüber anderen Staaten zu spielen, ist etwas, das der Republik Österreich faktisch einfach nicht möglich wäre und überdies auch nicht unserer Verfassung und unserem Neutralitätsstatus entsprechen würde. So hat jeder Staat seine Geschichte und somit auch seine Rolle und seine Möglichkeiten.

Eine Stärke, die Österreich jedoch in jeden Konflikt einbringen kann, ist, ein Ort des Dialogs zu sein, das Miteinander zu suchen und Brücken zu bauen. Das war stets das Wesen der österreichischen Außenpolitik, das war stets der parteiübergreifende Konsens und ich halte das nach wie vor für richtig.

Darüber hinaus bin ich mir nicht sicher, ob ein härteres Vorgehen gegenüber Russland vor fünf Jahren automatisch zu einem friedlicheren Miteinander heute hätte führen müssen.

Dass es zu diesem Angriffskrieg im Februar 2022 kam, dass hier alle Grenzen und roten Linien überschritten wurden, ist nicht nur politisch dramatisch, sondern führt zu unglaublichem menschlichen Leid. Zu glauben, dass dieser Krieg zu verhindern gewesen wäre, wenn Europa in den letzten Jahren aggressiver gegen Russland aufgetreten wäre, halte ich für eine gewagte These. Vielleicht wäre es gegenteilig gewesen und es wäre sogar noch früher zu diesem Krieg gekommen. Wir wissen es schlicht und ergreifend nicht und es ist immer etwas intellektuell überheblich, das Buch der Geschichte von hinten aufzuschlagen.

Neben dem massiven Leid, das die Bevölkerung in der Ukraine, aber auch in Russland durch diesen Krieg ertragen muss, wird diese Auseinandersetzung, so befürchte ich, noch viele weitere Auswirkungen haben. Wir erleben Preissteigerungen, eine Krise im gesamten Rohstoffmarkt, bei den Energiepreisen und schon bald wird es zu massiven Herausforderungen im Bereich der Nahrungsmittelsicherheit in anderen Teilen der Welt kommen. Der Großteil der Düngemittel, die weltweit produziert werden, kommt aus Russland oder der Ukraine, über ein Drittel der weltweiten Weizenexporte ebenso. Das wird vor allem Afrika treffen. Das Abkommen über die Lieferung von ukrainischem Getreide über das Schwarze Meer ist ein Erfolg der UNO gewesen und leistet einen wichtigen Beitrag zur Versorgung Afrikas.

Einige Monate nach Beginn des Angriffskrieges wurde ich von einem Schweizer Journalisten nach meiner Einschätzung zum Ausgang des Ukraine-Krieges gefragt und ich antwortete, dass jeder Krieg irgendwann mit Verhandlungen endet. Das halte ich nach wie vor für den realistischen Weg. Natürlich gibt es bei jedem militärischen Konflikt das Restrisiko einer totalen Eskalation über das bisherige Krisengebiet hinaus, insbesondere wenn Supermächte – direkt wie Russland oder indirekt wie die USA und andere – involviert sind. Ich hoffe sehr, dass es nicht zu diesem Szenario kommt, das schnell atomar werden könnte, und daher kann die Alternative nur ein Ergebnis am Verhandlungstisch sein. Der »Istanbuler Prozess« bringt jedenfalls etwas Hoffnung, dass eine Verbesserung der Situation erreicht werden kann. Ein Waffenstillstand oder vielleicht darüber hinaus auch noch mehr, selbst wenn die Situation schwierig und sehr verfahren ist.

Wenn man die Konflikte betrachtet, die Russland in der jüngeren Vergangenheit geführt hat, dann gab es immer wieder Beruhigung und Verhandlungen. Manchmal kam es zu »Frozen Conflicts« und manchmal heizten sich die Konflikte später wieder auf. Für viele war es wohl überraschend, wie wehrhaft die ukrainische Armee in den letzten Monaten war, und solange es Unterstützung aus Europa und den USA gibt, ist nicht damit zu rechnen, dass der Widerstand weniger wird. Auf der anderen Seite halte ich es für unwahrscheinlich, dass dieser Konflikt mit einer Supermacht, die darüber hinaus auch noch eine Atommacht ist, mit der bedingungslosen Kapitulation Russlands endet.

Insgesamt begegnen Kurz und Putin einander siebenmal. Zweimal 2016: Kurz ist Außenminister, als Putin den damaligen Bundespräsidenten Heinz Fischer in Wien trifft. Danach beim Abschiedsbesuch von Fischer in Moskau. 2017 bei einem Treffen mit dem russischen Außenminister in Wien. 2018 viermal, zweimal in Österreich und zweimal in Russland.

Dass die westliche Welt auf die russische Aggression reagiert hat, war notwendig und richtig. Sanktionen haben das Ziel, das Gegenüber wirtschaftlich noch stärker zu treffen als uns. Aber es bleibt stets die Frage der Konfliktlösung und die heißt am Ende immer zugleich auch Dialog und Gespräch. Österreich hat hier die Chance, in Tradition der vergangenen Jahre und Jahrzehnte seinen Beitrag gemeinsam mit anderen Ländern zu leisten. Unsere großen Stärken als kleines, neutrales Land, das in aller Klarheit auf den russischen Angriffskrieg reagiert hat, liegen darin, zugleich im globalen und multilateralen Konzert Menschen und Länder zusammenzuführen.

13

TRUMP

»Donald Trump meinte zu Beginn: ›You're a young guy.‹ Zwischen uns liegen genau vierzig Jahre. Teilweise war er genau so wie medial dargestellt, teilweise war er unerwartet anders.«

2019 reist der Bundeskanzler in die USA und wird nach 13 Jahren als erster österreichischer Regierungschef von einem amerikanischen Präsidenten empfangen. Zuvor war Wolfgang Schüssel im Dezember 2005 bei einem Arbeitsbesuch im Weißen Haus, damals bei George W. Bush. Das Vieraugengespräch findet im Oval Office statt, auf zwei gelben Sesseln vor einem Kamin. Die beiden Politiker begleitet der strenge Blick von George Washington. Das Gemälde des ersten Präsidenten der Vereinigten Staaten von Amerika verleiht dem Raum eine spezielle Aura.

Die medialen Bilder einer Person passen manchmal mit der Realität zusammen und manchmal auch nicht. Immer aber wecken sie gewisse Erwartungshaltungen, die erfüllt werden oder auch nicht, wenn einem diese Person dann im realen Leben gegenübersteht. Im Positiven wie auch im Negativen.

So war es auch bei Donald Trump.

Am Vormittag des 20. Februar 2019 gab es auf allen TV-Kanälen Berichte über einen Schneesturm in Washington. Die Sender überboten sich mit Superlativen, Grafiken mit bedrohlich wirkenden Wolkenskizzen wurden eingeblendet. Beim Frühstück wurden wir informiert, dass heute alle frei hätten wegen des Schneefalls, der Verkehr sei nur eingeschränkt möglich. Als wir aus dem Hotel auf die Straße traten, war die Stadt leicht angezuckert. Für uns schneeerprobte Österreicher wäre das gerade mal als Raureif durchgegangen. Die Straßen waren aber tatsächlich wie leer gefegt. Auf unsere Frage hin, ob das nicht etwas übertrieben sei, antwortete uns der Botschaftsmitarbeiter: »Das ist hier immer so. Bei der ersten kleinen Schneeflocke ist die Stadt lahmgelegt.«

Im Weißen Haus trafen wir um 13:50 Uhr Ortszeit ein.

Wir waren im Vorfeld mehrfach gewarnt worden, wie ruppig Trump sein könne. Und dann stand mir, ganz anders, als die medialen Bilder über ihn vermuten ließen, ein unerwartet gut gelaunter und höflicher amerikanischer Präsident gegenüber. Trump ist absolut ein sehr emotionaler Charakter. Er geht mit einer großen Spontaneität in Gespräche und hat, auf eine spielerische Art, unbändige Freude daran, sein jeweiliges Gegenüber durch Fragen kennenzulernen, aber auch durch spezielle Aussagen herauszufordern oder außer Tritt zu bringen.

Am Beginn des Besuchs hatten wie üblich Journalisten die Möglichkeit, Fragen zu stellen. Es war eine einzige Show, ein konfliktreiches Aufeinandertreffen zwischen Medienvertretern und dem amerikanischen Präsidenten, bei der sich beide Seiten nichts schenkten.

»You're a young guy«, begrüßte mich Trump und ich scherzte, dass das mit meinem Alter von Tag zu Tag besser werde. Zwischen uns liegen genau vierzig Jahre. Teilweise war er genau so wie medial dargestellt, teilweise verhielt er sich unerwartet anders. Um das Oval Office wie auch um den Kreml oder den Präsidentenpalast in Peking ranken sich viele Mythen. Wenn man jedoch selbst dort sitzt, dann werden sie zu ganz normalen Plätzen und das Gespräch selbst steht im Mittelpunkt.

Das Treffen von Kurz und Trump findet zu einer Zeit statt, in der zwischen den USA und der EU eine fragile Handelsbeziehung besteht. Trumps Regierung prüft gerade höhere Importzölle für europäische Autos, die Hersteller in Europa hart treffen würden. Die Entscheidung darüber hängt von einem möglichen neuen Handelsabkommen mit der EU ab. Die EU ihrerseits beschließt zu diesem Zeitpunkt gerade neue Zollregelungen für amerikanische Produkte wie Whiskey, Jeans, einzelne Lebensmittelprodukte, Schiffe, Boote und Motorräder.

Im Vieraugengespräch hat Donald Trump dann ein ganz ordentliches Tempo an den Tag gelegt. In der Sache war unsere Unterhaltung durchaus kontroversiell. Vor allem beim Handelsstreit zwischen der Europäischen Union und den USA, aber auch in der Frage des Klimawandels prallten gegensätzliche Meinungen aufeinander. Im Vorfeld gab es natürlich Abstimmungen mit Brüssel.

Die Handelsbeziehungen waren und sind für Österreich überaus relevant, denn die USA sind unser zweitwichtigster Handelspartner und jeder Versuch, den freien Handel einzuschränken, ist extrem schädlich für ein exportorientiertes Land wie Österreich. Trump hat die Regelungen des Freihandels massiv infrage gestellt. Die World Trade Organization (WTO) stuft China noch immer als Entwicklungsland ein, obwohl China mittlerweile auf dem Weg zur größten Volkswirtschaft der Welt ist. Hier sind Regelungen in Kraft, die aus heutiger Sicht wahrscheinlich nicht mehr zeitgemäß sind. Das ist ein reales Problem, auf das aber noch niemand eine wirkliche Antwort gefunden hat. Damit hat Donald Trump sicher ein Thema angesprochen, das uns alle noch sehr lange beschäftigen wird. Denn es ist eine Tatsache, dass chinesische Unternehmen überall auf der Welt, auch in Europa oder den USA, gute Geschäfte machen und gleichzeitig europäische und auch amerikanische Unternehmen nicht denselben Marktzugang und nicht dieselbe Rechtssicherheit in China vorfinden.

Auch beim Kampf gegen den Klimawandel habe ich ihm sehr klar die Haltung Österreichs und der EU dargelegt. Nämlich, dass es notwendig ist, diesen Kampf zu führen und dass es im Sinne der ökosozialen Marktwirtschaft dabei auch möglich sein muss, wirtschaftliche und soziale Interessen sowie einen respektvollen Umgang mit der Schöpfung unter einen Hut zu bringen. Es war Joschi Riegler, der dieses Konzept entwickelt hat, einer meiner Vorvorvorgänger als Parteichef der Volkspartei, und mich hat seine Idee immer begeistert. Ich habe mich diesem Konzept auch stets verpflichtet gefühlt.

Trump hat anerkennend festgestellt, dass Österreich sich glücklich schätzen darf, weil wir aufgrund der geografischen Lage viel Wasserkraft haben. Ich musste schmunzeln, als er später, nachdem in Kalifornien Waldbrände ausgebrochen waren, Österreich als positives Beispiel für gesunde Wälder zitiert hat. Er meinte, dass es bei uns »Waldstädte« gäbe und wir praktisch im Wald leben würden. Aber: Der Wald war in unserem Vieraugengespräch gewiss kein Thema.

Ich denke, dass sein Österreich-Bild durch seine Ex-Frau aus dem heutigen Tschechien und seine jetzige Ehefrau, die aus Slowenien stammt, beides Nachbarländer von uns, geprägt ist. Er meinte auch, nachdem es bei unserem Treffen geschneit hat, die Luft sei an diesem Tag in Washington genauso frisch wie in »Austria«. Ein Fernsehjournalist des Senders NBC News verwechselte Austria bei einem anschließenden Live-Einstieg mit Australia.

Auf das etwa 45-minütige Treffen mit Donald Trump folgt ein Delegationstermin zur Handelspolitik, an dem auch Vizepräsident Mike Pence, Außenminister Mike Pompeo, Energieminister Rick Perry, Trumps Stabschef Mick Mulvaney, Sicherheitsberater John Bolton, Wirtschaftsberater Larry Kudlow und Trumps Schwiegersohn Jared Kushner teilnehmen.

Eine Anerkennung in dieser Größenordnung ist für kleinere Länder wie Österreich ausgesprochen ungewöhnlich. Wenn die USA nach Europa blicken, dann stets auf die großen Staaten: Deutschland, Frankreich, Großbritannien. Vielleicht noch den einen oder anderen größeren NATO-Staat, aber selten auf das kleine, neutrale Österreich. Dementsprechend groß war die Überraschung, als 13 Jahre nach dem letzten Besuch eines österreichischen Politikers beim amerikanischen Präsidenten aus dem Umfeld des amerikanischen Präsidenten Kontakt mit dem Bundeskanzleramt aufgenommen und eine Einladung ins Oval Office ausgesprochen wurde.

Ich glaube, oftmals sind es Zufälle und manchmal sind es persönliche Begegnungen, die dann in der Folge zu einem intensiveren Austausch führen. 2019 gab es unzählige Streitpunkte zwischen den USA und Europa. Ich hatte das Gefühl, dass die Trump-Administration die Interessen Europas und seiner unterschiedlichen Mitgliedsstaaten ausloten wollte, um für manche lösbaren Fragen vielleicht auf informellem Weg eine Lösung zu finden.

Zum Abschluss hat mir Donald Trump einen Tennisschläger von Wilson geschenkt, weil ich in meiner Jugend sehr viel Tennis gespielt habe. Ich bin jemand, der Gastgeschenken nie eine besondere Bedeutung beigemessen hat. Wie auch alle anderen Geschenke ist der Tennisschläger im Bundeskanzleramt inventarisiert worden. Mein Geschenk war ein kleines Fernglas der Firma Swarovski. Auch um zu symbolisieren, dass es wichtig ist, dass eine Supermacht wie die USA einen Blick weit über die eigenen Grenzen auf die Vielfalt unserer Welt hat.

> Am 6. Jänner 2021 stürmen Hunderte Trump-Anhänger das Kapitol in Washington. Im Sitz des Parlaments bestätigt der Kongress zu diesem Zeitpunkt gerade formell den Wahlsieg von Trumps demokratischem Herausforderer Joe Biden. Fünf Menschen sterben, mehr als 700 werden festgenommen. Der Vorfall sorgt weltweit für Entsetzen und gilt als schwarzer Tag in der Geschichte der US-Demokratie.

Donald Trump hat sicherlich zu lange gezögert, um den abscheulichen Sturm aufs Kapitol zu verurteilen. Eine wehrhafte Demokratie muss immer wachsam bleiben, Wahlergebnisse sind anzuerkennen und Gewalt ist in einer liberalen Demokratie niemals zu rechtfertigen. Grundrechte wie die Demonstrationsfreiheit sind wichtig, aber immer nur, wenn dabei die öffentliche Sicherheit und Ordnung gewahrt bleiben. Das war auch in Österreich stets meine Haltung.

Wie es in den USA politisch weitergeht, ist schwer prognostizierbar. Ich rechne bei den Midterms 2022, so wie viele andere auch, mit einem Sieg der Republikaner. Aber ob das schon ein Vorzeichen für die nächsten Präsidentschaftswahlen ist, steht in den Sternen. Genauso wie die Frage, wer für die Republikaner ins Rennen geht und ob diese Person auch Donald Trump sein könnte.

Ich hätte den amerikanischen Präsidenten eigentlich noch ein zweites Mal treffen sollen, aber dieser Besuch kam aufgrund von Corona nicht mehr zustande. Wie viele andere Staats- und Regierungschefs gratulierte mir Trump zur erneuten Angelobung als Bundeskanzler. Den kurzen, förmlichen Brief beendete der Präsident mit der Grußformel: »Hochachtungsvoll, Donald Trump«.

In meiner Zeit als Außenminister war ich mit Ministern und anderen Vertretern der Obama-Administration im Austausch, in meiner Zeit als Bundeskanzler dann vor allem mit der Trump-Administration. In der darauffolgenden Administration unter Joe Biden konnte ich an die bereits geknüpften Beziehungen zum damaligen Außenminister unter Barack Obama, John Kerry, mit dem ich schon mehrmals im Zuge der Iran-Verhandlungen zusammengetroffen war, und zu Antony Blinken sowie anderen Demokraten wieder nahtlos anschließen. Den Austausch mit den USA, einer Supermacht, die, egal ob politisch oder wirtschaftlich, global den stärksten Einfluss hat, fand ich immer besonders spannend und bereichernd. Auch heute, wenn ich beruflich in den USA bin, pflege ich noch immer gern Kontakte sowohl zu Republikanern als auch zu Demokraten, die ich damals kennengelernt habe, wie Ivanka Trump, John Kerry und vielen anderen.

14

XI

*»Bei Chinas Staatschef Xi Jinping spürte
man in jeder Minute, dass er einen ganz klaren Plan
verfolgt, wohin er die Volksrepublik und die über 1,4
Milliarden Menschen bringen möchte.«*

Im April 2019 bricht der Bundeskanzler zu einem
fünftägigen Besuch in die Volksrepublik China
auf. Es ist bereits die zweite Reise nach Peking seit
seinem Amtsantritt. Dieses Mal empfängt ihn, als
einen von nur wenigen europäischen Regierungschefs, Staats- und Parteichef Xi Jinping in der
Großen Halle des Volkes. Der chinesische Außenminister kennt Österreichs Kanzler bereits von den
Iran-Gesprächen. Das Treffen dauert schließlich 45
Minuten, 15 Minuten länger als geplant.

Wir in Europa denken, dass Europa der Mittelpunkt der Welt
ist. Das Problem ist nur, dass das überall anders auf der Welt
niemand so sieht. Das ging mir durch den Kopf, als ich im
Frühjahr 2019 zum zweiten Mal in die Volksrepublik China
gereist bin. Wenn man sich die chinesische Geschichte an-
sieht, dann überrascht es nicht, dass dieses Land den Anspruch stellt, die größte und mächtigste Volkswirtschaft der
Welt zu sein. Bis ins frühe 19. Jahrhundert hinein war China
das mit seiner 5.000-jährigen Geschichte wirklich noch.

Eine historische Perspektive ist gerade in Bezug auf China unumgänglich und man muss sich auch mit der chinesischen Sichtweise auf die eigene Geschichte beschäftigen. Bis ins 18. Jahrhundert dominierte China den Handel in Asien und der chinesische Kaiser war es gewohnt, dass die sogenannten »Barbaren« regelmäßig Tribut ablieferten. China erlebt seit dem Opiumkrieg von 1840 und der Niederschlagung des Boxeraufstands um die Jahrhundertwende eine Phase der rund hundertjährigen Beherrschung durch den Westen. Daran erinnert das offizielle China regelmäßig durch Gedenkveranstaltungen. Das ist ein sehr wichtiger Bestandteil der offiziellen chinesischen Erzählung. Entsprechenden Wert legt China auf Autarkie bei der Rohstoffversorgung und die Einnahme einer führenden globalen wirtschaftlichen Rolle, vor allem im Bereich der Industrieproduktion und Innovation.

Beim sehr erfahren, sehr besonnen wirkenden und auftretenden Staatschef Xi Jinping spürte man daher auch in jeder Minute, dass er einen ganz klaren Plan verfolgt, wohin er diese Volksrepublik und die über 1,4 Milliarden Menschen bringen möchte. Sein Ziel ist es, weiterhin ein solides Wirtschaftswachstum von über fünf Prozent zu erzielen und nun nach der Beseitigung der extremen Armut alle Chinesen zu einem gewissen Wohlstand zu führen.

China ist derzeit auf dem Weg zur stärksten Volkswirtschaft der Welt. Für Xi Jinping ist es aber auch selbstverständlich, dass China einmal die globale Vorherrschaft übernehmen wird. Derzeit erleben wir zwischen China und den USA einen massiven Wettstreit im Bereich der Technologie, vor allem mit Fokus auf künstliche Intelligenz und Quantum Computing. Und nicht nur in China, sondern auch in weiten Teilen der Welt werden große Anstrengungen unternommen, um Rohstoffzugänge, Infrastruktur, Großprojekte und andere strategisch wichtige Zugänge zu sichern. Dieser Wettstreit wird unsere Welt in den nächsten Jahren wesentlich prägen.

Bisher war klar, dass die technologische Führerschaft in den USA liegt, somit im Westen, geprägt auch durch unsere Grundwerte. Aber China hat mittlerweile aufgeschlossen und wenn China die USA überholt, dann würde das die Weltordnung, wie wir sie kennen, gänzlich auf den Kopf stellen. Bedauerlich und problematisch ist, dass Europa in diesem Wettstreit fast überhaupt keine Rolle spielt. Das wird mit Sicherheit dazu führen, dass wir international an Relevanz verlieren werden. Noch problematischer ist, dass es dadurch zu einem Wohlstandsverlust in Europa kommen wird. Hoffentlich nicht absolut gesehen, aber jedenfalls relativ gesehen im Vergleich zu anderen Teilen der Welt.

Wer sich am Ende des Tages im Bereich der Innovation durchsetzt, ist noch nicht entschieden, aber China hat seinen geopolitischen Einfluss massiv ausgebaut. Einerseits durch die »Belt and Road«-Initiative, aber auch durch eine ganz gezielte Investitionspolitik in weiten Teilen der Welt, die Europa und die USA nicht praktizieren. Wenn es um politische Systeme, um Grund- und Menschenrechte geht, agieren wir gegenüber Entwicklungsländern mit dem erhobenen Zeigefinger, auf der anderen Seite begegnen wir diesen Regionen mit den immer gleichen Modellen der Entwicklungszusammenarbeit, um ein Stück weit auch das eigene Gewissen zu beruhigen. China verfolgt hier einen gänzlich anderen Zugang. Mit einem ganz klaren Fokus auf große Investitionen im Bereich von Infrastrukturgroßprojekten konnte es so in Südosteuropa und Afrika sehr viel an Einfluss gewinnen.

Es ist wichtig, dass Europa eine eigenständige Position einnimmt. Gerade in Ländern wie Österreich oder Deutschland gibt es im internationalen Vergleich ein hohes Lohnniveau. Der aufgebaute Wohlstand war auch deshalb möglich, weil wir es trotz dieser hohen Lohnniveaus geschafft haben, einerseits durch eine bislang stabile Energieversorgung zu einem relativ guten Preis aus Russland und auf der anderen Seite durch den Export heimischer Produkte in die ganze Welt, wirtschaftlich sehr erfolgreich zu sein. China ist hier ganz besonders relevant. Das Konzept der amerikanischen Politik ist klar. Sie verfolgt den Zugang des »Decoupling«, das bedeutet eine immer stärkere, auch wirtschaftliche Trennung zwischen den USA und China.

Henry Kissinger sagt dazu in seinem Buch *Staatskunst* auf Seite 244: »Während des Kalten Krieges war es ein vorrangiges Interesse der Vereinigten Staaten, eine Kooperation mit China als Gegengewicht zur Sowjetunion aufzubauen. Heute muss jegliche politische Initiative der USA gegenüber China im Kontext der riesigen Wirtschaftskraft Chinas – vergleichbar mit derjenigen der Vereinigten Staaten –, seiner wachsenden militärischen Macht und seines diplomatischen Geschicks erfolgen, das auf der Tradition einer jahrtausendealten, einzigartigen Kultur beruht.« Er ist im Übrigen, meiner Meinung nach zu Recht, sehr besorgt über die Gefahr einer militärischen Konfrontation zwischen den USA und China und plädiert daher für einen ständigen Dialog zwischen den beiden Supermächten.

Ich glaube, dass eine Politik der Konfrontation mit China für Europa und Österreich nicht der Weg sein kann. Als exportorientiertes Land ist es einfach notwendig, nicht einen Absatzmarkt nach dem anderen zu verlieren. Derzeit besteht eine höchst angespannte Situation mit Russland und wenn wir der amerikanischen Linie folgen, dann würde das auch dazu führen, dass der Exportmarkt China für uns mehr und mehr wegbricht. Zugleich müssen wir auch weiterhin zu unseren Werten stehen und deshalb auch Entwicklungen ansprechen, die wir kritisch sehen, etwa das Sozialkreditsystem, den Überwachungsstaat und die Verletzung von Menschenrechten.

Ziel der Europäischen Union muss das Bekenntnis zur globalisierten Welt sein. Eine Deglobalisierung kann und darf nicht im Interesse Europas liegen. Sonst werden wir in Zukunft in zwei verschiedenen Welten leben und immer mehr zum Spielball. Das Spannungsverhältnis des Westens zu Russland und in den vergangenen Jahren auch zu China führt mehr und mehr zu einer Zweiteilung der Welt. Auf der einen Seite der Westen, auf der anderen Seite China und Russland. Darüber hinaus schaffen es gewisse Regionen, wie zum Beispiel der arabische Raum, Afrika und andere Teile dieser Welt, sehr geschickt, sich weder für die eine noch für die andere Seite entscheiden zu müssen und mit allen wirtschaftlich zu kooperieren.

Politisch gesehen gefällt mir diese Entwicklung gar nicht, denn ich glaube, dass eine immer stärker werdende Abgrenzung, ein immer seltener stattfindender Austausch und eine immer geringere Verflochtenheit automatisch zu immer stärkeren Spannungen, mittelfristig zu Konflikten und im Worst Case sogar zu militärischen Auseinandersetzungen führen werden. Es ist ein Irrglaube, anzunehmen, dass sich andere politische Systeme verändern, wenn es keinen Austausch mit diesen Staaten gibt. Das Gegenteil ist richtig. Je mehr Austausch es gibt, je mehr Verflechtungen es gibt, desto größer die Chance, dass sich unsere Ideen von Grund- und Freiheitsrechten, eines liberalen Rechtsstaats, der Demokratie auch in anderen Teilen der Welt durchsetzen. Und daher hoffe ich, dass es Europa gelingt, sicherzustellen, dass wir langfristig in einer globalisierten, vernetzten Welt leben.

Die Entwicklung ist aber auch wirtschaftlich brandgefährlich. Österreich ist eine Exportnation und wir sind in vielen Bereichen eng mit der deutschen Industrie verflochten, die ebenso vom Export lebt. Daher führt ein Verlust von Exportmärkten automatisch auch für uns zu einem Verlust von Wohlstand und Arbeitsplätzen.

Regierungsvertreter von 37 Staaten sind 2019 der Einladung Xi Jinpings zu einem Gipfel über die sogenannte »Seidenstraßeninitiative«, einem von

China ausgerufenen Investitionsprogramm, gefolgt. Es soll die Verkehrsinfrastruktur auf den Handelsrouten verbessern. Am »Belt and Road«-Forum nehmen auch UN-Generalsekretär António Guterres und die Chefin des Internationalen Währungsfonds, Christine Lagarde, teil.

Für die Ängste Europas aufgrund der starken Entwicklung Chinas zeigte Xi Verständnis. Es gibt nach wie vor kein »Level Playing Field«, das heißt, dass chinesische Unternehmen zwar vollen Marktzugang in Europa haben und China vom Export seiner Güter in die ganze Welt, auch nach Europa, sehr profitiert. Auf der anderen Seite fehlt vielen europäischen Unternehmen dieser uneingeschränkte Marktzugang in China. Das führt zu Verzerrungen im Handel und birgt immer wieder Konfliktpotenzial.

Es ist ein Faktum, dass China als bevölkerungsreichstes Land mit einer aufstrebenden Volkswirtschaft immer dominanter wird. Es gibt in sehr vielen Bereichen eine massive Abhängigkeit von chinesischen Exporten. Sehr viele Produktionen der Industrie haben sich in den letzten Jahrzehnten nach Asien und insbesondere nach China verlagert. Auch in anderen Teilen der Welt, insbesondere in Afrika, spielt China als mittlerweile größter Investor eine sehr starke Rolle. Die Frage ist: Wie schafft es Österreich, wie schaffen es die europäischen Länder, wettbewerbsfähig zu bleiben? Europa darf nicht in Angst verharren, sondern muss innovativ und mutig sein, sonst besteht die Gefahr, dass uns Länder wie China abhängen. Das war auch das Thema meiner Rede vor dem Leaders' Roundtable beim »Belt and Road«-Forum.

Gerade an China zeigt sich, dass der Blick auf den Angriffskrieg in der Ukraine in verschiedenen Teilen der Welt ein sehr unterschiedlicher ist. Die Europäische Union und auch die USA unterstützen zu Recht die Ukraine, die militärisch überfallen wurde. Viele andere Staaten sehen diesen Konflikt einfach nicht als ihren und wollen sich daher nicht einmischen. China hat traditionell gute Beziehungen zu Russland und daher bisher auch versucht, sich in diesen Konflikt nicht mehr zu involvieren als notwendig. Durch den Ukraine-Krieg sind China und Russland noch enger zusammengewachsen.

Zwischen den beiden Ländern gibt es zwar Parallelen, weil sie beide keine westlichen liberalen Demokratien sind und weil beide Staaten militärische Supermächte sind, aber wenn man sich die Wirtschaftskraft anschaut, dann sind China und Russland absolut nicht vergleichbar. China ist in den Bereichen Innovation und Fortschritt, Wirtschaftskraft und Wirtschaftsstärke Weltspitze. Russland ist diesbezüglich überhaupt keine Konkurrenz. Im Jahr 2021 liegt das Wachstum des realen Bruttoinlandsprodukts (BIP) von China bei rund 8,08 Prozent. Im Vergleich dazu liegen Großbritannien und Russland mit einem Wachstum von 7,4 beziehungsweise 4,7 Prozent deutlich dahinter. Sicherheitspolitisch sind die Fragestellungen auch gänzlich andere. So ist es für China eher irrelevant, ob Schweden und Finnland der NATO beitreten, für Russland hingegen ist das sehr wohl von Relevanz.

Meine beiden China-Reisen haben mir auch wieder vor Augen geführt, dass unsere politischen Systeme einfach sehr unterschiedlich sind.

In westlichen Demokratien gibt es den ständigen Wechsel durch Wahlen und oft auch darüber hinaus. Ich war ja mit zehn Jahren Regierungstätigkeit fast schon ein Dinosaurier in der Bundesregierung. Es ist nur nicht so aufgefallen, weil ich gleichzeitig der Jüngste war. Nicht nur in Österreich, sondern in vielen europäischen Ländern ist es keine Seltenheit, dass Minister nur ein oder zwei Jahre im Amt sind. Das ist in anderen Teilen der Welt ganz anders. Dort gibt es eine hohe Kontinuität und für diese Regierungen damit auch die Möglichkeit, über Jahrzehnte hinaus zu planen. Ein Machthaber im arabischen Raum hat einmal zu mir gesagt: »Wenn ich mit den Amerikanern etwas ausmache, dann gilt das, wenn ich Glück habe, bis zur nächsten Wahl. Wenn ich etwas mit China vereinbare, dann ist das eine Vereinbarung für Jahrzehnte.«

Da ich absolut überzeugt bin vom System unserer liberalen, westlichen Demokratie, brauche ich nicht extra zu erwähnen, dass diese aus meiner Sicht selbstverständlich die beste Staatsform oder, wie Churchill meinte, »die am wenigsten schlechte« ist. Aber wir müssen stets hart daran arbeiten, dass wir gegenüber anderen Teilen der Welt wettbewerbsfähig bleiben. Wir müssen zustande bringen, dass unsere Staatsform auch weiterhin diejenige ist, die zu Wohlstand führt, denn nur dann wird auch in anderen Teilen der Welt der Wunsch, in demokratischen Systemen zu leben, weiterhin hoch bleiben und unsere Staatsform auch als die attraktivste Variante gesehen werden. Wenn wir als Demokratien nicht wirtschaftlich erfolgreich sind, wenn unsere Staatsform nicht auch zu Wohlstand und Erfolg führt, dann wird der Glaube an die Demokratie zurückgehen und das hätte dramatische Folgen.

Sollte es Xi weiterhin gelingen, den Wohlstandslevel in China für viele ansteigen zu lassen, und sich das Wirtschaftswachstum fortsetzen, würde das natürlich in weiterer Folge die globale Ordnung verändern. Wenn es uns in Europa nicht gelingt, neben anderen Stärken auch als Industriestandort attraktiv zu werden, dann werden sich Arbeitsplätze, gleich welcher Qualität, mehr und mehr verlagern und mittel- bis langfristig nicht mehr in Österreich oder Europa zu finden sein.

Die Europäische Union will China weiterhin gleichzeitig als Kooperations- und Verhandlungspartner, als wirtschaftlicher Konkurrent und als systemischer Rivale begegnen. Wir müssen zusammenarbeiten, aber wir stehen auch in einem starken Wettbewerb. In vielen Teilen der Welt finden Innovation, Fortschritt und Wachstum tagtäglich spürbar statt. Wir Europäer müssen uns daher anstrengen, nicht überholt zu werden.

PS: Ein Wort noch zu chinesischem Essen. Ich finde es gut, aber eher jenes, das man in asiatischen Lokalen außerhalb von China bekommt. Auch meine beste Pekingente habe ich nicht in Peking gegessen, sondern im Peking Duck House in Chinatown in New York City.

15

IBIZA

*»Seither habe ich mir immer wieder die Frage gestellt:
War die Entscheidung, die Koalition zu beenden, richtig?
Ich weiß bis heute nicht, wie es ausgegangen wäre, wenn
wir damals anders entschieden hätten.«*

Die Ibiza-Affäre erschüttert im Mai 2019 die Republik. Auslöser sind heimlich erstellte Videoaufnahmen, die FPÖ-Obmann Heinz-Christian Strache – noch vor der Regierungsbeteiligung 2017 – im Gespräch mit einer angeblichen russischen Oligarchennichte zeigen. Am 17. Mai um 18 Uhr veröffentlichen die *Süddeutsche Zeitung* und der *Spiegel* Ausschnitte der insgesamt siebenstündigen Aufnahme, die im Sommer 2017 auf einer Finca im spanischen Ibiza entstand. Die Enthüllungen führen zum Ende der türkis-blauen Koalition.

Der 16. Mai war ein recht arbeitsintensiver Donnerstag, dicht getaktet mit Terminen, auch im Parlament. Gleichzeitig rang meine Oma mit dem Tod und ich habe alles getan, um zu ihr nach Niederösterreich zu kommen. Heinz-Christian Strache bat mich kurzfristig um ein persönliches Treffen. Ich hatte zunächst versucht, diesen Termin zu umgehen. Ich dachte mir, das würde ja wohl ein, zwei Tage warten können. Zumal er selbst zwar erklärt hatte, da würde etwas in den Medien bevorstehen, gleichzeitig aber meinte: »Na ja, so dramatisch wird es schon nicht sein.«

Am Abend habe ich dann doch noch ein Treffen vereinbart. Die Stimmungslage während unseres Termins war nicht wie bei anderen Zusammenkünften. Heinz-Christian Strache wirkte sehr angespannt und auch niedergeschlagen. Gleichzeitig hatte ich das Gefühl, dass es ihm nicht möglich war, die Lage genau einzuschätzen. Im weiteren Gespräch mit ihm habe ich dann den Eindruck gewonnen, dass das, was immer da kommen würde, schwerwiegend sein könnte.

Mein Team hat noch in der Nacht versucht, mit einigen Vertrauten von ihm zu sprechen, um ein besseres Gefühl zu bekommen. Aber das ist kaum gelungen. Am nächsten Tag sind wir dann schließlich, so wie alle in Österreich an diesem Abend, vor dem Bildschirm gesessen und haben uns angesehen, wie die Geschichte ihren Lauf nahm.

Im ersten Moment war ich schockiert und gleichzeitig haben wir uns die Frage gestellt, ob das alles echt beziehungsweise wahr sein kann. Wer das Video gedreht hat und welche Konsequenzen daraus zu ziehen sind. Es war ja auch nicht klar, ob es noch mehr Involvierte gibt, ob sich die Vorwürfe, die sich aus dem Video ergeben haben, wie illegale Geldflüsse und anderes, bestätigen würden oder nicht. Am problematischsten waren sicher die Anspielungen auf potenzielle Kick-back-Zahlungen. Also nicht nur das Versprechen von Leistungen beziehungsweise Aufträgen aus dem staatlichen Bereich als Gegenleistung für anderes, sondern auch das persönliche finanzielle Profitieren von diesen Aufträgen.

Uns war danach schnell klar, dass ein Rücktritt von Heinz-Christian Strache unabdingbar ist und sich in weiterer Folge auch die Frage stellt, ob eine Möglichkeit besteht, die Koalition fortzusetzen. Die Situation war extrem volatil. Strache war vor allem wichtig, dass die türkisblaue Zusammenarbeit weitergeht. Aber ich habe ihm nie versprochen, dass es durch seinen Rücktritt eine Garantie dafür gibt. Auch vor seiner Pressekonferenz habe ich ihm noch einmal gesagt, dass er seine Entscheidung unabhängig von meinen Entscheidungen treffen muss.

Die FPÖ bietet dem türkisen Regierungspartner an, die Koalition mit Norbert Hofer fortzusetzen. Ihr Deal: Strache tritt zurück, aber Innenminister Herbert Kickl bleibt. Im Bundeskanzleramt wird am Samstag, den 18. Mai, stundenlang beraten. Unterdessen demonstrieren am Ballhausplatz 5.000 Menschen. Dabei wird ein Song der Vengaboys aus dem Jahr 1999 zum Partyhit: »We're going to Ibiza«.

Ich habe damals entschieden, diese sehr gut funktionierende Koalition, in der viele für Österreich wichtige Projekte umgesetzt oder zumindest eingeleitet wurden, nicht fortzusetzen. Das war ein schwieriges Abwiegen: Haben wir den Glauben daran, dass die Regierungszusammenarbeit mit einer Stärkung von Herbert Kickl innerhalb der FPÖ fortgesetzt werden kann, oder glauben wir nicht daran? Am Ende haben wir nicht daran geglaubt, dass das gut gehen kann. Vor allem auch deshalb, weil in den sozialen Medien der Eindruck erweckt wurde, dass noch wesentlich mehr Material aus dem Ibiza-Video vorhanden sein und dieses scheibchenweise veröffentlicht werden soll.

Endgültig entschieden habe ich mich gemeinsam mit meinem Team am Samstag und wir haben diese Entscheidung dann auch sehr rasch öffentlich gemacht. Alle maßgeblichen Entscheidungsträger des Landes wurden vorab informiert.

Seither habe ich mir immer wieder die Frage gestellt: »War die Entscheidung, die Koalition zu beenden, richtig?« Ich weiß auch heute nicht, wie es ausgegangen wäre, wenn wir damals anders entschieden hätten. Mit meinem damaligen Wissensstand und angesichts meiner damaligen Eindrücke erschien sie mir richtig. Ich stehe zu allen meinen Entscheidungen, die ich in meiner Zeit als Politiker getroffen habe, mit allen positiven und negativen Konsequenzen.

Ich erinnere mich noch gut an die damalige aufgeheizte Stimmung. Vor dem Bundeskanzleramt fanden Demonstrationen statt, von denen ich oben in unseren Arbeitszimmern aber nicht viel mitbekommen habe. Die Zugänge waren blockiert und wir mussten uns, um zum Bundespräsidenten zu gelangen, unterirdisch fortbewegen. Es war das erste und einzige Mal. So etwas ist nicht angenehm, aber ich muss zugeben, dass ich mir mit der Zeit eine Art Rüstung zugelegt habe. Ich habe in meiner Zeit als Regierungschef, zuvor als Außenminister in der Migrationskrise so viel Druck erlebt, dass ich gelernt habe, damit umzugehen.

Auch Herbert Kickl ist sehr selbstbewusst aufgetreten. Er war stets an der Seite von Heinz-Christian Strache. Ich habe damals den Eindruck gewonnen, dass er versucht hat, Macht zu akkumulieren.

Ich wurde oft gefragt, ob ich es als Niederlage empfunden habe, dass in der Folge eine Übergangsregierung mit Brigitte Bierlein an der Spitze eingesetzt wurde. Die ehrliche Antwort ist nein. Ich war eher traurig, dass die eigentlich sehr gut arbeitende Regierung nicht weiter fortgesetzt werden konnte und dass durch dieses Ibiza-Video die Koalition zerbrochen ist. Das war, wenn man so will, mein damaliger Gemütszustand.

Die Übergangsregierung habe ich von der ersten Minute an unterstützt und als notwendige Verwaltung des Landes in dieser innenpolitisch turbulenten Zeit wahrgenommen. Mit Bundeskanzlerin Brigitte Bierlein hatte ich stets ein sehr gutes Verhältnis.

Im darauffolgenden Sommer ist mir ein Gespräch in ganz besonderer Erinnerung geblieben, nämlich jenes mit Thomas Muster. Der French-Open-Sieger von 1995 sah Parallelen in unseren Erlebnissen, denn auch er hatte mit einem herben Rückschlag in seiner Sportlerkarriere zu tun. Er erzählte mir damals von den Zweiflern, die ihm gesagt haben, er würde es nie mehr zurückschaffen. Er und auch meine Partei und die vielen Unterstützer im ganzen Land haben mir damals Zuversicht gegeben, nie den Glauben daran zu verlieren, dass wir unseren Weg weiterführen können und dass es sehr wohl möglich ist, noch einmal die Nationalratswahl zu gewinnen.

Am 27. Mai 2019 entziehen SPÖ, FPÖ und die Liste Jetzt gegen die Stimmen von ÖVP und NEOS der Regierung von Sebastian Kurz im Nationalrat das Vertrauen. Die Begründung: Der Bundeskanzler betreibe »eine einzig von Machtinteressen der ÖVP getriebene Politik«. Kurz und sein Regierungsteam werden vom Bundespräsidenten des Amtes enthoben. Bis zu den Neuwahlen im September wird eine Übergangsregierung eingesetzt. An deren Spitze steht mit der ehemaligen Verfassungsrichterin Brigitte Bierlein erstmals in der Geschichte Österreichs eine Frau.

Auf den Misstrauensantrag im Parlament wurde ich oft angesprochen. Ich weiß, dass an diesem Tag viele meiner Ministerinnen und Minister schockiert und traurig waren. Ich habe das so überhaupt nicht wahrgenommen. Ich bin ein überzeugter Demokrat, ich habe meine Kraft immer aus der Unterstützung der Bevölkerung bezogen. Für mich war dieser Misstrauensantrag ein taktisches Manöver der anderen Parteien und das hat mich nur noch mehr für den Wahlkampf motiviert. Deshalb bedeutete der 28. Mai 2019 weder ein traumatisierendes Erlebnis für mich noch habe ich dieses Datum in besonders unangenehmer Erinnerung.

Mich hat noch lange Zeit beschäftigt, wie dieses Video entstanden ist und wer in die Herstellung und Weitergabe involviert war, aber ich habe niemals eine zufriedenstellende Antwort erhalten. Da mein Blick immer nach vorne gerichtet ist, habe ich irgendwann zur Kenntnis genommen, dass sich das anscheinend nicht restlos aufklären lässt.

Über Heinz-Christian Strache und das FPÖ-Regierungsteam werde ich nichts Schlechtes sagen. Wir sind sehr unterschiedliche Persönlichkeiten, kommen aus sehr unterschiedlichen Parteien, wir haben weder dieselbe Prägung noch dieselben Überzeugungen, aber wir haben über einen bestimmten Zeitraum hinweg gut zusammengearbeitet. Auf das, was in dieser Zeit erreicht wurde und in dieser Regierung gelungen ist, bin ich sehr stolz. Und das kann auch Heinz-Christian Strache sein.

16

SOCIAL MEDIA

*»Die neue Volkspartei hat im Wahlkampf die
sozialen Medien intensiv genutzt und so mehr als eine
Million potenzielle Wählerinnen und Wähler direkt
erreicht. Vorbild war die Kampagne von Barack Obama.«*

Nach dem historischen Wahlerfolg am 29. September
2019 schreibt die Onlineausgabe des deutschen Nach-
richtenmagazins *Der Spiegel* über den Einsatz von Social Media in dieser Wahlauseinandersetzung: »Nicht
zuletzt mit Selfies über Instagram und mit staats-
männischer Pose in Fernsehduellen erreichte Kurz
weit mehr Wähler als seine politischen Mitbewerber.
Das sagt viel über die Geheimnisse des Wahlkampf-
Erfolgs im digitalen Zeitalter aus.«

Das stimmt nicht ganz, denn Instagram und TV waren nur
zwei von vielen Plattformen. Die neue Volkspartei hat im
zweiten Wahlkampf vor allem die sozialen Medien intensiv genutzt und so mehr als eine Million potenzielle Wählerinnen und Wähler zusätzlich erreicht. Vorbild war die
Kampagne von Barack Obama, der 2008 den ersten wirkli-
chen Social-Media-Wahlkampf geführt hat und so Hillary
Clinton in den Vorwahlen besiegen konnte, die ihre Strategie noch immer weitgehend auf das Fernsehen und dessen
Spielregeln ausgerichtet hatte.

Das heißt nicht, dass die klassischen Medien an Bedeutung oder Macht verloren hätten. Was die sozialen Medien jedoch von den klassischen Medien unterscheidet, ist die Möglichkeit der Direktkommunikation. Jeder User kann dem Spitzenkandidaten persönlich seine Meinungen, Anliegen, Eindrücke und natürlich auch Kritik übermitteln. Eines muss einem dabei klar sein: Direktkommunikation funktioniert nicht nur in eine Richtung. Ein Politiker hat zwar die Möglichkeit, direkt mit der Bevölkerung in Kontakt zu treten, aber die Bevölkerung hat umgekehrt auch die Möglichkeit, direkt mit dem Politiker in Kontakt zu treten. Diese Interaktion haben wir trotz des Riesenaufwands nicht gescheut, sondern immer mehr ausgebaut.

Kern der Kampagne wird Facebook. Hier hat der Spitzenkandidat der ÖVP am Ende über eine Million Follower. Die Kommunikation läuft aber auch über Plattformen wie Instagram, TikTok und LinkedIn. Die Accounts haben auch im europäischen Vergleich hohe Reichweiten.

Verantwortlich dafür war Kristina Rausch, die meine allererste Mitarbeiterin war, als ich 2009 Bundesobmann der Jungen ÖVP wurde. Sie hat Kommunikationswissenschaften studiert und sich das Wissen in dieser Disziplin in den darauffolgenden Jahren selbst angeeignet. Learning by Doing. Unter ihrer Leitung hat ein relativ kleines Team von nur zwölf Leuten den ständigen Dialog auf allen Social-Media-Kanälen sehr professionell organisiert. So konnte ich in einer unglaublich direkten Art mit unterschiedlichen Teilen der Bevölkerung, mit Menschen vom Land und aus der Stadt, Jüngeren und Älteren, im ständigen Austausch sein und tagtäglich sehr viele Rückmeldungen mitnehmen.

Darüber hinaus waren wir mit rund 100.000 Unterstützerinnen und Unterstützern per Mail stetig in Kontakt. Ich selbst habe viel über soziale Medien kommuniziert. Natürlich ersetzt das nicht den persönlichen Kontakt, der mir immer viel lieber war, aber auch virtuelle Kontakte stellen eine Riesenchance dar. Deshalb haben wir auch Live-Gespräche über unsere Plattformen organisiert, bei denen sich jeder einloggen konnte und somit die Möglichkeit hatte, mit meinem Team und mir persönlich direkt in Kontakt zu kommen. Der größte Vorteil war sicherlich, konstant mit einer breiten Gruppe der Bevölkerung zu diskutieren und so einen unvergleichbaren Schatz an Informationen, Ideen und Feedback zu haben.

Als Bürde habe ich es nie empfunden, sondern eigentlich als etwas sehr Schönes, weil der Kontakt mit Menschen einem immer wieder zeigt, wofür man kämpft, und dabei gleichzeitig auch viel zurückkommt, wenn man zum Beispiel jemanden unterstützen oder etwas Gutes tun kann.

Wer in sozialen Medien unterwegs ist, muss allerdings auch mit dem dort leider grassierenden Hass umgehen können. Ich bin froh, dass ich das eigentlich immer relativ gut ausblenden konnte.

Vieles davon ist gesteuert. Einerseits gibt es diverse Bots, es existieren also viele User in Wahrheit gar nicht. Und darüber hinaus sind es die Parteizentralen, die oft nicht nur damit beschäftigt sind, ihre eigenen Ideen zu verbreiten, sondern ihre Mitarbeiter gegen den politischen Mitbewerber ins Feld schicken. Und zum Dritten gibt es natürlich auch ganz normale Menschen, die real existieren, also nicht gesteuert sind und trotzdem viel Groll in sich tragen. Diesem machen sie in sozialen Medien meist deutlich lauter Luft, als sie das im realen Leben tun würden. Aber das ist ja – solange gewisse Grenzen nicht überschritten werden – auch ganz normal in einer Demokratie. Also hat mich das nie schockiert.

Ganz gleich, ob in der Politik oder in der Privatwirtschaft, oft sind es junge Mitarbeiter, die Social-Media-Kanäle und -Plattformen managen. Gerade für sie kann es sehr belastend sein, wenn sie tagtäglich mit Hass, Empörung und Unmut konfrontiert sind. Egal ob man als Gast eines Hotels eine kritische Bewertung abgibt oder in einem Diskussionsforum seine Meinung postet, sollte niemand vergessen, dass hier stets ein echter Mensch das Gegenüber ist. Die Wortwahl und der Umgangston sollten demnach im Idealfall genau so sein, wie man es auch im persönlichen Gespräch als passend empfinden würde.

Gerade in der Coronapandemie hat man verstärkt wahrnehmen können, dass auf Social Media ungehindert Unwahrheiten verbreitet werden können. Stichwort »Fake News«. Ich finde es ein bisschen schade, dass die Debatte über Fake News mittlerweile so vergiftet ist, nur weil es sich um einen Begriff handelt, der insbesondere von Donald Trump verwendet wurde. Dabei wäre es notwendig, den Umgang

mit falschen Informationen, die jeder innerhalb von wenigen Minuten weltweit verbreiten kann, zu thematisieren.

Wir leben in einer Zeit, in der fast alles gefälscht oder
imitiert werden kann. Wir leben in einer Zeit, in der über
soziale Medien – ob man das jetzt gut oder schlecht findet – jeder die Möglichkeit hat, selbst Informationen und
Content zu generieren. Wir leben auch in einer Zeit, in der
klassische Medien oftmals mit budgetären Herausforderungen zu kämpfen haben und gerade Onlinemedien immer öfter einfach Agenturmeldungen übernehmen. Oft
übernehmen alle Medien die gleichen Meldungen, und
das, ohne sie nochmals zu verifizieren oder zu hinterfragen. Was ist wahr und was ist unwahr? Was ist Berichterstattung und was ist Meinung? Was darf überhaupt veröffentlicht werden und was nicht? Diese Debatte werden
wir in Zukunft noch stärker führen müssen.

Was Fake News betrifft, tragen nicht nur die Betreiber
von Seiten, sondern auch Unternehmen wie Facebook,
Google oder Instagram eine große Verantwortung. Denn
die Grenzen zwischen kritischer Interaktion und blindem
Hass sind fließend.

In all meinen Jahren in der Politik war wohl der Versuch,
mir antisemitische Facebook-Gruppen unterzujubeln, die
zuvor eigens für diesen Zweck erstellt wurden, das Perfi-
deste, das ich bisher erlebt habe. Das war sehr prägend für
mein ganzes Team und mich, weil es eine nie zuvor da gewesene Grenzüberschreitung bedeutet hat.

In einem Wahlkampf ist es normal, dass Details re-
cherchiert werden, die man dem politischen Mitbewerber

zum Vorwurf machen kann. Dass man herausfindet, wo sich der andere selbst widersprochen hat, wo er vielleicht nicht ganz ehrlich war. Das ist das ganz normale politische Handwerk. Nicht schön und auch nicht angenehm, aber es gehört eben dazu.

Dass jedoch eine Partei, wie Medien berichteten, einem israelischen Dirty-Campaigning-Experten eine halbe Million Euro in die Hand gibt und der damit professionell organisierte Verleumdungskampagnen startet, war für uns eine neue Erfahrung. Diese »Experten« haben ihre Arbeit im US-Dokumentarfilm *Our Brand Is Crisis* vor ein paar Jahren so beschrieben: »Wir müssen ihn von einem sauberen in einen schmutzigen Kandidaten verwandeln. Das ist unsere Aufgabe.«

Wir haben am Anfang nicht wirklich durchschaut, was da passierte, und vor allem konnten wir es nicht zuordnen. Von vielen Details dieser Kampagne habe ich erst lange nach der Verhaftung von Tal Silberstein erfahren. Es war der Versuch der totalen persönlichen Verunglimpfung. Das Kreieren und Verbreiten von antisemitischem Content, und das alles mit dem Ziel, es so darzustellen, als wäre das von meinem Team und meinen Unterstützern ausgegangen.

Es ist wohl auch kein Zufall, dass damals das Gerücht auftauchte, ich sei schwul und hätte Angst, mich zu outen. Weder das eine noch das andere stimmt. Weder das eine noch das andere sollte im 21. Jahrhundert problematisch sein. Trotzdem wurde es über die Jahre immer wieder verbreitet – oftmals gerade von all jenen, die sich Toleranz an die Fahnen heften. Ich habe dieses Gerücht deshalb nicht kommentiert, weil ich Gerüchten, die vom politischen Gegner kommen, grundsätzlich keine Aufmerksamkeit schenken wollte.

Ich bin kein wehleidiger Typ, aber ich habe nach den Dirty-Campaigning-Versuchen im Wahlkampf 2017 dennoch einigen Politikern in der SPÖ zu vermitteln versucht, dass hier Grenzen überschritten wurden und dass das der politischen Kultur massiv geschadet hat. Politik sollte der Wettbewerb der besten Ideen sein. Dass es oftmals ein innenpolitischer Kleinkrieg wird, ist schade. Jeder, der politisch tätig ist, hat dazu schon beigetragen, auch ich selbst.

17

GRÜNES EXPERIMENT

*»Es war sicherlich für die Grünen ein großer Erfolg, dass
sie mit der türkis-grünen Koalition zum ersten Mal in
ihrer Geschichte Teil der Bundesregierung waren. Diese
Zusammenarbeit zwischen einer bürgerlichen und einer
Grün-Partei war auch europaweit einzigartig.«*

Als am 18. Dezember 2017, sechs Tage vor Weihnachten, die
Mitglieder der türkis-blauen Regierung in der Hofburg an-
gelobt wurden, war es für mich bereits das dritte Mal, dass
ich aus diesem Anlass vor dem Bundespräsidenten stand.
Als Bundeskanzler jedoch war es das erste Mal und deshalb
fühlte es sich anders an. Es macht einen Unterschied, ob
man als Staatssekretär oder Minister in einem Team ein-
gebettet mitmarschiert oder ob man dieses Team anführt.
Man kann sich das wie die Aufgabe eines CEO – Chief Exec-
utive Officer oder auf Deutsch Vorstandsvorsitzenden – in
einem größeren Unternehmen vorstellen. Der CEO gibt
nicht nur die Richtung vor, er bekommt auch täglich alles
auf den Tisch, was nicht funktioniert. Gleichzeitig ist auch
mehr Gestaltungsmöglichkeit da. Das ist einerseits schön,
auf der anderen Seite wird die Verantwortung größer. Alles
fühlt sich mit einem Mal ernster an und dabei geht immer
auch ein Stück Unbeschwertheit verloren.

So herausfordernd die Tätigkeit als Staatssekretär war,
gab es durchaus auch einmal Tage, wo ich mich herausneh-

men konnte, weil das Thema Integration nicht im Fokus stand. Im Außenministerium waren die Termine schon etwas dichter getaktet, denn irgendwo auf der Welt hat sich immer etwas getan. Als Regierungschef aber waren die Verantwortung und auch das Arbeitspensum enorm.

Ein Ort, der mich tagtäglich an diese Verantwortung erinnert hat, war das Kreisky-Zimmer, das immer als Arbeitszimmer des jeweiligen Regierungschefs diente – von Leopold Figl über Bruno Kreisky bis zu Viktor Klima. Dieser Raum hat eine ganz besondere Atmosphäre, nicht nur aufgrund der Holztäfelung, sondern weil es ein historischer Raum ist, in dem sich viel zugetragen hat. Zwei Porträts hingen an der Wand. Zunächst eines von Bruno Kreisky, der von allen Bundeskanzlern am längsten in diesem Zimmer tätig war, und dann habe ich auch das Bild von Leopold Figl dazugehängt, der die Volkspartei nach seiner Befreiung aus dem Konzentrationslager gegründet hat und bis heute Vorbild vieler christlich-sozialer Politiker ist. Auch von mir.

Zum Kreisky-Zimmer gehört auch ein kleiner Nebenraum mit einer Couch. Ich habe diesen versteckten Raum selten genutzt. Aber einige Male gab es doch Nächte, in denen wir durchgearbeitet haben und es sich nicht mehr ausgezahlt hat, noch nach Hause zu fahren. Dann war diese Kammer für ein, zwei Stunden Schlaf mein Rettungsanker.

Im September 2019 geht nach dem Zerfall der türkis-blauen Koalition infolge der Ibiza-Krise ein ungewöhnlicher Wahlkampf zu Ende. Einziges und

beherrschendes Thema war die Klimakrise. Die neue Volkspartei gewinnt in Umfragen auf Kosten der FPÖ dazu, während die SPÖ Stimmen an die Grünen verliert. Der Abstand zwischen ÖVP und SPÖ ist mit 16,3 Prozent historisch.

Dass wir das Wahlergebnis von 2017 sogar noch einmal auf 37,5 Prozent steigern konnten und damit genauso stark waren wie die zweitstärkste und drittstärkste Partei, also SPÖ und FPÖ, zusammen, das hätte ich im Moment der Abwahl nicht einmal zu träumen gewagt. Genau habe ich das jetzt nicht mehr im Kopf, aber die Zahl der Vorzugsstimmen war jedenfalls sechsstellig. Die Volkspartei wurde massiv gestärkt und verwies die Sozialdemokratie mit einem historischen Abstand auf den zweiten Platz. Die Grünen schafften mit Werner Kogler den Wiedereinzug ins Parlament, die FPÖ erreichte nach dem Ibiza-Skandal nur noch 16,2 Prozent.

Der bisher größte Abstand zwischen dem ersten und zweiten Platz bei Nationalratswahlen war 1990 zwischen den Spitzenkandidaten Franz Vranitzky (SPÖ) und Josef Riegler (ÖVP) erzielt worden. Wir konnten diesen Rekord brechen und die Vorzeichen ändern.

Dass diese Wahl für die Volkspartei so positiv ausgegangen ist, hat mich noch wesentlich mehr gefreut als der Wahlerfolg 2017, weil das historische Ergebnis eine Bestätigung für die geleistete Arbeit war. Der Grund für einen Wahlerfolg sind niemals die Wahlkämpfe, sondern die ständige harte Arbeit davor.

Bei den Verhandlungen mit den Grünen gab es zwei rote Linien: einerseits die Migrationspolitik. Es war von Anfang an klar, dass wir nur dann zu einer Koalition bereit wären, wenn es kein Aufweichen unserer Migrationspolitik gibt. Zum anderen war das ein klares Bekenntnis zum Klimaschutz, aber stets im Einklang mit einer Wirtschafts- und Standortpolitik, die die Arbeitsplätze in unserem Land nicht gefährdet. In beiden Punkten zeigten sich die Grünen letztlich kompromissbereit.

Die handelnden Akteure hatten allesamt keine Regierungserfahrung, nur einige wenige hatten bereits Koalitionsverhandlungen geführt. Trotzdem kann ich guten Gewissens sagen, dass es ein wertschätzendes Miteinander gab und dass es niemals das Ziel war, den Partner zu übervorteilen. Aber als mit Abstand stärkste Kraft, ausgestattet mit dem Anspruch, das Land zu gestalten, haben wir diese Verhandlungen stets auch selbstbewusst geführt, mit einem großen Verantwortungsgefühl gegenüber den Menschen, die uns das Vertrauen geschenkt haben.

Was die sogenannten »Sideletters« betrifft, die den Grünen später zum Vorwurf gemacht wurden, so muss ich manchmal schmunzeln, wenn der Eindruck erweckt wird, dass solche Vereinbarungen etwas Ungewöhnliches wären. Alle, die schon einmal politische Verantwortung übernommen haben, wissen sehr wohl, dass es notwendig ist, Vereinbarungen zu treffen, weil es in der Zusammenarbeit sonst ständig zu Streit käme. Genauso, wie man einen Kaufvertrag nicht abschließen kann, ohne den Preis zu vereinbaren, genauso kann man auch keine Koalition vereinbaren, ohne sich auf grundlegende Fragen der Zusammenarbeit, der personellen Aufstellung und der Machtverteilung zu einigen. Wenn man diese Debatte also ehrlich und ohne mediales Geplänkel führt, so kann ich nur Folgendes sagen: Ich habe drei verschiedene Koalitionsformen erlebt, zwischen ÖVP und Sozialdemokratie, mit den Freiheitlichen und schließlich mit den Grünen. In all diesen Koalitionen sind selbstverständlich Vereinbarungen zur Zusammenarbeit, zu inhaltlichen Fragen, zu Budgetfragen und zu personellen Fragen getroffen worden. Ich kann da keinerlei Unterschiede erkennen.

Was die Verhandlungen mit der FPÖ von denen mit den Grünen unterschieden hat, war die Strategie der jeweiligen Chefverhandler. Heinz-Christian Strache umkreiste seine Herde stets wie ein Hirtenhund. Wenn er in den Verhandlungen Zugeständnisse machen musste, um die türkis-blaue Koalition zu ermöglichen, dann hat er seiner Partei auch die schlechten Nachrichten immer persönlich überbracht und sich die entsprechende Rückendeckung organisiert. Werner Kogler hingegen verfolgte eine andere, sehr interessante und auch schlaue Taktik. Er hat es nie so wie Strache gemacht. Er setzte mir vielmehr eine Vielzahl an grünen Verhandlern gegenüber, bis sich diese ihre Zähne selbst ausbissen und gezwungen waren, Kompromisse einzugehen, und so eben selbst zur Einsicht gelangten, dass rote Linien eben rote Linien sind. Für Werner Kogler war das sicher hilfreich und schlau, für uns war es zeitaufwendig, manchmal zäh, aber irgendwie auch nicht uninteressant.

Wenige Monate nach dem Start der ersten bundesweiten türkis-grünen Koalition in der Geschichte bricht im Frühjahr 2020 eine Jahrhundertpandemie über das Land herein. Das Regierungsprogramm muss warten, es geht jetzt ausschließlich um die Bekämpfung des Coronavirus und eine damit einhergehende Weltwirtschaftskrise mit unabsehbaren Folgen für das Land.

Unser Ziel war es, Ökologie und Ökonomie zu verbinden sowie zwei Parteien mit sehr konträren Zugängen in einer Koalition zusammenzubringen. Wir sind ein sehr lebenswertes Land mit sehr hohen Standards, gerade auch, was den Umweltschutz betrifft. Wir haben einen extrem starken Sozialstaat und wir sind auch ein grundsätzlich wohlhabendes Land. Die größte Herausforderung war jedoch und wird auch in Zukunft sein, den Wohlstand zu erhalten und unsere Wirtschaftskraft nicht zu verlieren. Sie ist die Basis für alles andere und der globale Wettbewerb wird dabei rauer und rauer.

Sowohl Heinz-Christian Strache als auch Werner Kogler waren bei Verhandlungseintritt sehr erfahrene Politiker und langjährige Parlamentarier, die beide in unterschiedlicher Weise mehrfach Höhen und Tiefen erlebt hatten. Beide hatten auch etwas Charmantes und Einnehmendes. Bei Werner Kogler und den Grünen fand ich vieles interessant und für mich neu, aber manches würde ich definitiv nicht kopieren wollen. Gewisse basisdemokratische Entscheidungsprozesse bei den Grünen erschienen oftmals nicht einfach und man hatte den Eindruck, sie würden das Leben des Parteichefs nicht unbedingt leichter machen. Für Werner Kogler war es ein Erfolg, überhaupt so eine eindeutige Zustimmung zur Regierungsbeteiligung zusammenzubringen. Es war sicherlich für die Grünen ein großer Erfolg, dass sie mit der türkis-grünen Koalition zum ersten Mal in ihrer Geschichte Teil der Bundesregierung waren. Diese Zusammenarbeit zwischen einer bürgerlichen und einer Grün-Partei war auch europaweit einzigartig.

Man darf sich eine Koalition nicht wie eine Beziehung vorstellen, auch nicht wie eine Freundschaft, sondern wie eine notwendige Zusammenarbeit, wenn es keine absoluten Mehrheiten gibt. Das heißt nicht, dass man nicht eine gute Gesprächsbasis haben kann. Der Umgang war aus meiner Sicht sowohl mit der FPÖ als auch mit den Grünen professionell und trotz aller Unterschiede respektvoll.

Im Oktober 2021 standen Ermittler der Wirtschafts- und Korruptionsstaatsanwaltschaft in der ÖVP-Zentrale in der Lichtenfelsgasse in Wien, im Bundeskanzleramt und im Finanzministerium. Diese Ermittlungen bedeuteten eine taktische Chance für die Grünen und diese Chance hat Werner Kogler genutzt. Ob ihm und den Grünen dieses parteitaktische Manöver langfristig etwas gebracht hat, wird die Zukunft zeigen. Mein Verhältnis zu ihm hat sich dadurch nicht verändert. Das ist eben Teil der Parteipolitik.

Ich habe Werner Kogler später noch einmal im Parlament getroffen und wir haben ein längeres Gespräch geführt. Dabei hatte ich den Eindruck, dass ihm die Situation fast ein bisschen unangenehm war. Bei Werner Kogler war das immer an dem dann eintretenden leichten Tänzeln erkennbar. Er hatte mir ja von heute auf morgen über die Medien ausgerichtet, dass ich nicht mehr amtsfähig sei. Ich habe ihm das nicht groß übel genommen und habe ihm das auch gesagt. Taktik gehört dazu, auch wenn es einen selbst trifft. Am Ende bleibt Politik immer ein beinharter Wettkampf.

18

LOCKDOWN

»Bald wird jeder jemanden kennen ...
Für diese Einschätzung wurde ich oft kritisiert.
Leider kenne ich mehrere Menschen, die an Corona
verstorben sind. Und ich glaube nach wie vor, dass die
Impfung rückblickend gesehen der Gamechanger war.«

2021 gibt es in der türkis-grünen Regierung einen
Babyboom. Im Jänner wird Justizministerin Alma
Zadić Mutter eines Sohnes, ein halbes Jahr später
gibt es Nachwuchs bei Integrationsministerin
Susanne Raab. Finanzminister Gernot Blümel und
seine Lebensgefährtin erwarten im September ihr
zweites Kind. Und der Bundeskanzler wird im
November zum ersten Mal Vater. Er macht die
Nachricht öffentlich, bevor er zu einem einwöchi-
gen Arbeitsbesuch in die USA, der ersten außer-
europäischen Reise nach Ausbruch der Pandemie,
aufbricht, und in New York mit UNO-Generalsekretär António Guterres zusammentrifft.

Im Juli 2021 begann für mich nach eineinhalb Jahren Pandemie die langsame Rückkehr zur Normalität. Corona war
das beherrschende Thema während der türkis-grünen
Zusammenarbeit gewesen. Man hat das schon hundert-
mal gehört, aber ich sage es trotzdem noch einmal: Es war

nicht nur bei uns in Österreich, sondern weltweit eine nie da gewesene Herausforderung. Am Anfang gab es so gut wie keine Information zu dem Virus und daher auch keine Klarheit darüber, wie gefährlich es sein würde und welche Langzeitschäden auftreten könnten. Daher konnten wir auch auf keine wie immer geartete Blaupause im Umgang mit dem Virus zurückgreifen.

Die Pandemie hat sehr deutlich gezeigt, dass es bei der Bekämpfung unterschiedliche Zugänge in den jeweiligen politischen Systemen gab, alle mit großen Vor-, aber auch Nachteilen. In Österreich haben wir zu Beginn der Pandemie sehr konsequent reagiert, nach mehreren Wellen kam es jedoch irgendwann zu der Situation, dass es sehr viele Regeln gab, aber kaum noch jemanden, der sich daran hielt. Ähnlich war es in den meisten anderen europäischen Ländern. In anderen Kulturkreisen und anderen politischen Systemen, denken wir an China, gab es bis zuletzt strikte Regeln.

Ich glaube, wir konnten die erste Welle deswegen im Keim ersticken, weil wir gleich zu Beginn alle internationalen Kontakte und die Erfahrung aus anderen Staaten intensiv genutzt haben. Aus meiner Zeit als Außenminister wusste ich, welche Länder hochprofessionell agieren, welche Länder gut organisiert sind, welche Länder auch eine gewisse Krisenerfahrung haben. Ich habe daher systematisch Entscheidungsträger in anderen Teilen der Welt am Handy kontaktiert und so versucht, direkt und schnell eine erste Einschätzung zu bekommen. Insbesondere Telefonate mit Regierungschefs und Außenministern, aber auch mit Experten in asiatischen Staaten, die bereits vor uns betroffen waren, haben uns damals besonders geholfen, denn es war ja eine Situation, die auch für viele Fachleute in Österreich völlig neu war.

Das Virus mutierte mit der Zeit zu ansteckenderen, aber irgendwann auch weniger tödlichen Varianten. Und dann wurde rasch ein Impfstoff entwickelt, der zwar nicht vor einer Ansteckung schützt, der aber die Wahrscheinlichkeit eines tödlichen Ausgangs oder eines schweren Verlaufs massiv reduziert. Dadurch ist die Situation heute mittlerweile eine ganz andere als zu Beginn der Pandemie.

Am 25. Februar 2020 kommt die Pandemie in Österreich an: Ein italienisches Paar in Innsbruck wird positiv auf Corona getestet. Am 11. März erklärt die WHO Covid-19 zur Pandemie. Am 16. März wird das tägliche Leben in Österreich in einem bisher nie gekannten Maß heruntergefahren, es beginnt der erste harte Lockdown.

Am Sonntag, den 15. März, schalteten wir auf den Titelseiten der Sonntagsausgaben eine Anzeige mit den Worten: »Schau auf dich, bleib zu Hause. Besonders, wenn du über 65 bist.«

Spätestens da wurde wohl auch den letzten Zweiflern bewusst, wie ernst die Lage war. Ich hielt dann am Sonntagabend eine Ansprache und musste bekannt geben, dass wir das Land »zusperren«.

Dafür benötigten wir eine gesetzliche Grundlage. Als Kanzler musste ich das beschlossene Gesetz des Parlaments unterschreiben. Diesen Moment werde ich nie vergessen. Ich habe mich hingesetzt, das einige Seiten umfassende Dokument, das vom Parlament beschlossen und vom Bundespräsidenten beurkundet war, langsam durchgelesen und danach gegengezeichnet. Es war bedrückend.

Ich erinnere mich noch gut an den Abend des 30. März 2020. Damals habe ich in einem Fernsehinterview mit dem ORF einen Satz gesagt, für den ich oft kritisiert worden bin: »Bald wird jeder jemanden kennen, der an Corona verstorben ist.« Ich denke, dass meine damalige Einschätzung genau der Realität entsprochen hat. Leider kenne ich mehrere Menschen, die einen extrem schweren Krankheitsverlauf hatten, und auch mehrere Menschen, die an Corona verstorben sind. Und genauso, wie ich in der zweiten und dritten Welle leichtere Maßnahmen und weniger Einschränkungen richtig gefunden habe, genauso war ich am Anfang davon überzeugt, dass es richtig war, sehr schnell und sehr entschlossen zu reagieren.

Das Virus war damals noch nicht entsprechend erforscht. Der Bundeskanzler trägt eine Gesamtverantwortung für das Land und somit auch eine Verantwortung für die Gesundheit und Sicherheit der Bürger einerseits sowie auch eine Verantwortung für ihre Freiheit andererseits. Der erste Lockdown hat deswegen so gut funktioniert, weil durch konsequente Kommunikation, die auch die möglichen gesundheitlichen Folgen nicht ausklammerte, eine hohe Disziplin in der Bevölkerung vorherrschte. Ich traue mich, zu sagen, dass wir in dieser Phase ein Vorzeigeland in Europa waren. Mit Voranschreiten der Pandemie wurde es, wie in den meisten anderen Ländern Europas und westlichen Demokratien, auch bei uns zäher und schwieriger.

Mit der Zeit wussten wir immer mehr über das Virus, es haben sich gleichzeitig immer weniger Menschen an harte Einschränkungen gehalten und Lockdowns hatten schließlich wesentlich weniger Effekt als zu Beginn. Es häuften sich meiner Meinung nach zu diesem Zeitpunkt Kollateralschäden und der Effekt wurde immer geringer. Das war auch der Grund, warum ich es mit Jahresbeginn 2021 für richtig erachtete, verstärkt auf den individuellen Schutz von Risikogruppen und Eigenverantwortung zu setzen. Dazu kam, dass wir den Eindruck gewinnen mussten, dass das Virus nicht immer einem klaren Muster zu folgen schien. Als sich zu Ostern 2021 die Bundesländer Wien, Niederösterreich und das Burgenland entschieden, nochmals einen Lockdown durchzuführen, ging Salzburg mit einer ähnlichen Ausgangslage, was die Ansteckungszahlen betraf, einen anderen Weg und dennoch sanken die Ansteckungszahlen auch dort.

Als ich zu Beginn der Pandemie für sehr schnelle, harte Maßnahmen eintrat, war es schwierig, den Koalitionspartner ins Boot zu holen, weil die Grünen stark auf Grund- und Freiheitsrechte sowie Datenschutz fokussiert waren. Mit der fortschreitenden Pandemie haben sich die Rollen geändert. Da war ich der Meinung, wir haben jetzt mehr Information über das Virus, jeder kann individuell sein Risiko besser abschätzen, es gibt Möglichkeiten, sich individuell zu schützen, wie zum Beispiel durch das Tragen von Masken oder das Reduzieren von sozialen Kontakten. Und daher war ich mehr und mehr dafür, Risikogruppen besonders zu schützen und auf individuellen Schutz zu setzen, die Einschränkung von Grund- und Freiheitsrechten hingegen massiv zu reduzieren. Es zeigte sich ja auch in allen Studien, dass der erste Lockdown ein sehr wirkungsvoller war, dass die weiteren Lockdowns aber immer weniger Wirkung erzielt haben.

Zu meiner Aussage, dass es bald »Licht am Ende des Tunnels« geben wird, stehe ich nach wie vor. Und ich glaube, dass die Impfung rückblickend gesehen tatsächlich der Gamechanger in dieser Pandemie war. Ich verstehe auch nicht wirklich, wie man das infrage stellen kann.

Meine Bilanz dieser Zeit: Wir haben sicher mit den Wirtschaftshilfen und der Kurzarbeit, durchgesetzt von Finanzminister Gernot Blümel mit Unterstützung von Harald Mahrer als Präsident der Wirtschaftskammer, von Georg Knill als Präsident der Industriellenvereinigung, aber auch von Wolfgang Katzian als Präsident des Gewerkschaftsbundes sowie von vielen anderen, verhindert, dass die Pandemie zu einem Zusammenbruch unserer Wirtschaft und zu massiver Arbeitslosigkeit geführt hat. Besonders froh war ich, dass wir es in dieser Zeit geschafft haben, im permanenten Austausch mit der Wirtschaftskammer, Landwirtschaftskammer, Arbeiterkammer, dem Gewerkschaftsbund, der Industriellenvereinigung und vielen anderen Institutionen zu sein und eng zusammenzuarbeiten. Das war wichtig, weil unser Land sehr stark geprägt ist von Tourismus, Gastronomie, Sport- und Freizeitwirtschaft. Die Arbeitslosigkeit war nach der Krise sogar niedriger als vor Corona.

Massive staatliche Eingriffe und der Einsatz von sehr viel Steuergeld dürfen nur eine absolute Ausnahme sein, nämlich, wenn es sich wie in diesem Fall um eine Jahrhundertpandemie handelt. Ich bin der Überzeugung, dass dies kein permanentes Konzept für einen Staat ist. Ich war und bin auch heute noch ein Verfechter von einem sparsamen Umgang mit Steuergeld und strenger Budgetpolitik, die ein Nulldefizit verfolgt. Ich glaube, es ist deshalb so wichtig, am Nulldefizit festzuhalten, weil man nur dadurch in Krisen Spielräume hat.

Für viele Menschen war die Pandemie eine sehr belastende Zeit. Das »Social Distancing«, wie es genannt wurde, das Alleinsein, widerspricht der Natur des Menschen. Wir sind alle soziale Wesen. Während Corona haben wir, denke ich, als Menschen wiederentdeckt, was wirklich wichtig ist: Solidarität und Zusammenhalt, die Familie und die engsten Freunde.

Es hat mich beeindruckt, was Familien in dieser Zeit geleistet haben: Homeschooling, Homeoffice, keine Möglichkeit für Outdooraktivitäten. Vor allem auch die Jungen haben für die Gesellschaft viel auf sich genommen und mir ist bewusst, was ihnen genommen wurde. Niemand kann ihnen oder uns allen diese Zeit zurückgeben. Trotzdem hoffe ich, dass jeder auch etwas Positives aus dieser unfassbar schwierigen Zeit mitnehmen konnte. Letztlich geht es darum, dass wir an Krisen wachsen und lernen, noch resistenter zu werden.

Für mein Team und mich war die Pandemie vor allem eine extrem arbeitsintensive Zeit. Die Belastung bestand für mich weniger in der Reduktion der sozialen Kontakte, sondern in der unglaublich großen Verantwortung, die spürbar wurde. Jede Entscheidung damals hatte unmittelbare Auswirkungen auf Millionen von Menschen. Es war eine Zeit, die mich auch sehr viel Kraft gekostet hat.

Ich persönlich bin im Frühjahr 2022 auch selbst an Corona erkrankt. Es war glücklicherweise so, wie ich es mir nach meiner dreifachen Impfung erwartet hatte: relativ unspektakulär. Ich bin jung, geimpft und dementsprechend war auch mein Krankheitsverlauf. Ich hatte einige Tage Symptome, die sich in etwa so angefühlt haben wie eine leichte Grippe.

19

DIE TERRORNACHT

»Ich hielt Terror stets für ein potenzielles Risiko.
Für ganz Europa, aber auch für ein Land wie
Österreich oder eine Stadt wie Wien.«

Ich war 15 Jahre alt, als Terror zum ersten Mal in mein Bewusstsein gedrungen ist. 9/11, das islamistische Attentat auf das World Trade Center in New York. Jeder weiß heute noch genau, wo er damals war und was er gerade gemacht hat. Ich kam von der Schule nach Hause und schaute eine Serie im Fernsehen. Plötzlich wurde eine Laufschrift eingeblendet, die ich am Anfang gar nicht richtig wahrnahm. Irgendwann las ich den Text und brauchte dennoch lange, um zu realisieren, dass das real war und keine Fiktion.

Die Zwillingstürme, die bei dem Terroranschlag vom 11. September 2001 einstürzten, habe ich nie gesehen. Ich war erst Jahre später im Zuge eines Praktikums das erste Mal in New York City.

Am 2. November 2020 kommt es im Wiener Ausgehviertel Bermudadreieck zu einem Anschlag. Ein in Österreich geborener 20-jähriger Anhänger der Terrormiliz Islamischer Staat schießt wahllos auf Passanten. Die Innenstadt ist gut besucht, es ist die letzte Nacht vor dem zweiten bundesweiten Lockdown. Vier Menschen werden bei dem Attentat getö-

tet, es gibt 38 Verletzte. Ein Polizist wird angeschossen und schwer verletzt. Der Täter wird schließlich von der WEGA gestellt und getötet. Noch in der Nacht rückt die Polizei zu Hausdurchsuchungen aus und nimmt 14 Verdächtige fest. Sechs Beschuldigte müssen sich später vor Gericht verantworten.

Der Tag begann schon sehr früh und stand ganz im Zeichen des bevorstehenden Lockdowns am 3. November. Das Interesse war enorm. Es gab zahlreiche Medientermine und als Abschluss stand ein Auftritt bei Armin Wolf in der *ZIB 2* auf dem Programm. Das Gespräch haben wir um zwanzig Uhr in einem aufgrund der strengen Coronamaßnahmen abgetrennten Raum aufgezeichnet, in dem nur eine Kamera stand. Seitlich befand sich ein Bildschirm, auf dem Armin Wolf im Studio zu sehen war. Das Setting war für mich nicht neu, weil ich in den Monaten zuvor öfters von diesem provisorischen Studio aus zugeschaltet war.

Mitten im Interview deutete mir mein Pressesprecher im Hintergrund, dass ich abbrechen sollte. Ich habe es am Anfang nur aus den Augenwinkeln wahrgenommen und dachte mir, dass etwas passiert sein musste, denn bei einem Fernsehinterview funkt normalerweise keiner dazwischen. Dann hörte ich nur die Worte »Schießerei, Innenstadt, Synagoge, viel Blaulicht«. Wir eilten die Treppen vom fünften Stock Richtung Ausgang hinunter. In der Mitte des Stiegenhauses kamen uns bereits die Personenschützer entgegen und teilten uns mit, dass bei der Polizei ein Notruf eingegangen war. In der Nähe des Schwedenplatzes sei gerade ein Anschlag im Gang. Von einer Sekunde auf die andere war die Stimmung wie ausgewechselt. Neben dem eigenen Entsetzen war das am deutlichsten spürbar an der Reaktion der Beamten, die stets ruhig und zurückhaltend agiert hatten und sich nun schlagartig in Alarmbereitschaft befanden.

Wir haben uns sofort auf den Weg ins Bundeskanzleramt gemacht. Als wir von der Wienzeile zum Karlsplatz kamen und bei der Staatsoper einbogen, war bereits der gesamte Ring für den Verkehr gesperrt. Es waren nur Polizei- und Rettungsfahrzeuge zu sehen. Bewaffnete Beamte hatten das Eingangstor zum Kanzleramt geöffnet und wir fuhren mit hoher Geschwindigkeit durch das Tor, das bereits von Beamten mit Sturmgewehren im Anschlag gesichert wurde. Von dort wechselten wir durch den unterirdischen Gang ins Innenministerium, wo der Einsatzstab zusammentrat.

Da war dieses unendlich bedrückende Gefühl, weil Bilder von Plätzen, die einem vertraut sind, nicht vergleichbar sind mit Bildern von Anschlägen irgendwo anders auf der Welt. Der Terror bekam plötzlich eine Wucht und Nähe, die wir in Österreich bisher nicht gekannt hatten.

Gleichzeitig spürte man eine starke Anspannung, weil zu diesem Zeitpunkt nicht klar war, ob es vielleicht mehrere Täter gab und ob ein Ende des Terroraktes in Sicht war oder nicht.

Die zuständigen Polizeichefs waren bereits vor Ort und informierten Innenminister Karl Nehammer und mich über die Lage.

Ich trat mit dem Bundespräsidenten, dem Wiener Bürgermeister und mit allen Chefinnen und Chefs der Parlaments-
parteien in Austausch. Es kamen Anrufe von Angela Merkel,
Emmanuel Macron und vielen anderen befreundeten europäischen Partnern, die die Unterstützung ihrer Exekutive
anboten, nachdem zu diesem Zeitpunkt das Ausmaß noch
nicht absehbar war.

Der gesamte Krisenstab arbeitete bis in die Morgenstun-
den durch.

Es war eine dramatische Nacht, nicht nur für uns politisch Verantwortliche, sondern für jeden österreichischen
Staatsbürger, vor allem die Menschen, die in Wien leben
und auf den Bildern des Attentats Orte wiedererkannt haben, die sie selbst kennen und oft besucht haben.

Viele dachten, dass Österreich eine »Insel der Seligen«
sei, wo so etwas nicht passieren kann. Aber das war ein Irr-
tum. Die Terrornacht vom 2. November hat gezeigt, dass so
etwas überall und leider Gottes mehr und mehr in Europa
stattfinden kann und auch stattfindet.

**Mit den Stimmen von ÖVP, Grünen und – trotz ei-
niger Kritikpunkte – Teilen der NEOS und der SPÖ
beschließt der Nationalrat im Juli 2021 ein Anti-
Terror-Paket im Umfang von 125 Millionen Euro. Es
sieht unter anderem Änderungen im Strafrecht, in
der Strafprozessordnung, im Symbole-Gesetz und
im Staatsbürgerschaftsgesetz vor. Die Kontrolle des
Auslandsfinanzierungsverbots von Moscheen und
Vereinen wird verschärft und ein Verzeichnis der**

Imame eingeführt. Für Personen, die sich für den politischen Islam engagieren oder eine andere religiös motivierte extremistische Verbindung gründen, an ihr teilnehmen oder sie unterstützen, gibt es nun einen neuen Straftatbestand mit einer Freiheitsstrafe von bis zu zwei Jahren.

Bei dem Attentäter des Anschlags handelte es sich um einen Österreicher mit Wurzeln in Nordmazedonien, der sich bei uns radikalisiert hat. Mir war es in der Politik schon vor diesem Terrorakt wichtig, null Toleranz gegenüber jeglicher Form von Radikalisierung zu üben, gleichzeitig aber auch niemals Gefahr zu laufen, dass es aufgrund von Gewalt und Terror zu einer Vorverurteilung aller Menschen einer gewissen Herkunft oder Religion kommen kann. Beides ist zentral für eine funktionierende Gesellschaft.

Der islamistische Extremismus will nicht nur Tod und Leid verursachen, er möchte auch unsere Gesellschaft spalten. Diesem Hass dürfen wir keinen Raum geben. Unser Feind sind niemals alle Angehörigen einer Religionsgemeinschaft oder Menschen, die aus einem bestimmten Land kommen, unser Feind sind Extremisten und Terroristen. Sie haben in unserer Gesellschaft nichts verloren.

Der Terrorismus hat sich in den letzten zehn Jahren immer weiter nach Europa verlagert, vor allem in Länder wie Frankreich oder Belgien, in denen Integration oft sehr schlecht oder gar nicht funktioniert. Auch 2015 haben sich im Zuge der Flüchtlingsbewegung unterschiedliche Gruppen auf den Weg gemacht. Weder dürfen wir alle Menschen vorverurteilen, die gekommen sind, weil sie wirklich Schutz und Hilfe brauchen, noch sollten wir naiv sein. Natürlich haben das auch Personen genutzt, die ihre Heimat in keiner guten Absicht verlassen haben. Bei uns ist häufig nicht dasselbe Bewusstsein für diese Gefahr vorhanden wie etwa in Israel, den Vereinigten Arabischen Emiraten oder anderen Ländern, die schon lange mit dieser Gefahr leben und dadurch als Gesellschaft und als Staat sehr gut für diese Bedrohungen gerüstet sind. In Europa gab es viele, die diese Gefahr geleugnet und jede Warnung sofort als fremdenfeindlich oder rassistisch abgetan haben. Dieser Gruppe habe ich nie angehört. Deshalb hatte ich, wie ich glaube, immer ein sehr realistisches Bild und hielt Terror stets für ein potenzielles Risiko. Für ganz Europa, aber auch für ein Land wie Österreich oder eine Stadt wie Wien.

Der Terroranschlag zieht heftige Kritik am Verfassungsschutz nach sich. Gegen zwei Mitarbeiter des Landesamts für Verfassungsschutz und Terrorismusbekämpfung (LVT) wird wegen des Verdachts auf Amtsmissbrauch ermittelt. Den Beamten wird vorgeworfen, im Vorfeld Informationen über den späteren Täter nicht weitergegeben zu haben. Der Chef des LVT wird abberufen. Eine Untersuchungskommission des Innen- und Justizministeriums untersucht die Vorfälle und stellt Fehlverhalten und strukturelle Mängel fest.

Ich glaube, dass die Polizei in jener Nacht exzellente Arbeit geleistet hat. Zum einen ist es ihr innerhalb von neun Minuten nach dem Notruf gelungen, den Attentäter zu eliminieren und dadurch noch Schlimmeres zu verhindern. Denn dieser Schwerbewaffnete hätte noch wesentlich mehr Menschen verletzen oder töten können. Zum anderen brachte die Polizei all jene Menschen, die sich in der Innenstadt verbarrikadiert hatten, in einer geordneten Art und Weise in Sicherheit.

Ich habe selbst mit vielen Polizisten und Angehörigen von Spezialeinheiten gesprochen, die mir erzählt haben, dass sich an diesem Abend, unabhängig davon, wo jemand war, und unabhängig davon, ob jemand Dienst hatte oder nicht, ja sogar unabhängig davon, ob jemand entsprechend gekleidet oder ausgerüstet war, viele sofort ins Auto gesetzt haben und zum Dienst erschienen sind. Viele von ihnen haben im Dienste der Allgemeinheit auch ein großes persönliches Risiko auf sich genommen. Den beim Anschlag verletzten Polizisten habe ich damals im Wiener AKH besucht.

Aber natürlich gibt es zu diesem Attentat eine Vorgeschichte. Damit haben sich die Behörden eingehend auseinandergesetzt und aus möglichen Fehlern gelernt.

Nicht genug danken kann man all jenen Menschen, die sich in der Terrornacht durch Mut und Zivilcourage ausgezeichnet haben, indem sie Verwundete versorgt oder die Polizei mit ihren Videos bei der Ermittlungsarbeit unterstützt haben. Wir werden die Opfer dieses Abends nie vergessen.

20

CHATS

»Rückblickend gesehen war es wahrscheinlich ein Fehler,
sich mit der Wirtschafts- und Korruptionsstaatsanwalt-
schaft anzulegen. Zumindest für mich persönlich.«

Als Außenminister hatte ich immer wieder Kontakt mit
Politikern, die schon wegen Korruption verurteilt worden
waren, danach aber von der Bevölkerung wieder in ihr Amt
zurückgewählt wurden. Ich habe auch immer wieder miterlebt, dass neue Regierungen versucht haben, ihre Vorgänger ins Gefängnis zu bringen.

Ich halte es für einen großen zivilisatorischen Fortschritt, wenn sich weltweit immer mehr Machtwechsel
mittlerweile unblutig durch Wahlen vollziehen und der
politische Gegner am Leben und in Freiheit gelassen wird.
Was die österreichische Innenpolitik betrifft, habe ich ehrlich gesagt keinen Gedanken daran verschwendet, dass
das Strafrecht für politische Zwecke genutzt werden kann.
Hier war meine Sicht der Dinge offensichtlich durch einen
blinden Fleck getrübt. Ich dachte immer, das gibt es vielleicht anderswo auf der Welt, in Westeuropa sei so etwas
jedoch undenkbar. Das ist eine Entwicklung, die ich unterschätzt habe. Man könnte auch sagen, ich war naiv.

Mit Sicherheit bin ich auch viel zu gelassen in den Ibiza-
Untersuchungsausschuss hineingegangen, weil ich damals, am Beginn der Pandemie, rund um die Uhr damit

beschäftigt war, unser Gesundheitssystem zu schützen, Massenarbeitslosigkeit zu verhindern und die Wirtschaft zu stützen. Jeder in meinem Team hat rund um die Uhr nur daran gedacht, es gab kein anderes Thema mehr. Ich ging deshalb nicht mit der notwendigen Aufmerksamkeit in diese massive innenpolitische Auseinandersetzung hinein, sondern mit der Gewissheit, nichts falsch gemacht zu haben. Ich konnte mir ehrlicherweise nicht vorstellen, dass, sobald ich hier das Wort ergreife, jemand versucht, mir eine potenzielle Falschaussage zu unterstellen. Ich dachte nicht im Traum daran, dass darüber philosophiert werden würde, ob ich in einer mehrstündigen Befragung zu Ereignissen, die Jahre her sind, das Wort »involviert« oder »informiert« verwendet habe.

Seit dem März 2021 ermittelt die Wirtschafts- und Korruptionsstaatsanwaltschaft (WKStA) gegen den Ex-Kanzler wegen des Vorwurfs der Falschaussage im ÖVP-Korruptions-Untersuchungsausschuss. 28 Zeugen werden befragt, die ihn allesamt entlasten. Kurz wird als Beschuldigter geführt, zu einer Anklage kam es mit Stand September 2022 nicht. Auch gegen zwölf weitere ÖVP-Politiker wird ermittelt.

Rückblickend gesehen war es wahrscheinlich ein Fehler, sich mit der Wirtschafts- und Korruptionsstaatsanwaltschaft anzulegen, zumindest für mich persönlich. Auf der anderen Seite bereue ich es auch nicht, gewisse Aussagen getätigt zu haben. Das hat mich während meiner gesamten politischen Zeit ausgemacht. Manche mochten diese Offenheit, andere nicht. Das hat mit meiner Persönlichkeit zu tun, so bin ich eben. Es ist nicht richtig, eine Überzeugung für sich zu behalten, von der man glaubt, dass sie richtig ist, nur um gewisse Kreise nicht zu stören. Von daher kann es durchaus stimmen, dass diese Auseinandersetzung für mich persönlich nicht von Vorteil war. Aber um ehrlich zu sein, habe ich den Eindruck gewonnen, dass sehr schnell Vorwürfe gemacht werden, dass es dann zu einer medialen Vorverurteilung kommt und am Ende des Tages weiß keiner mehr, worum es eigentlich gegangen ist.

Bei all dem, was auch ich in den Chats geschrieben habe, gibt es in meinen Augen eigentlich nur eine einzige Nachricht, die man mir vorwerfen kann. Und zwar, dass ich über meinen Vorgänger Reinhold Mitterlehner bestätigend geschrieben habe, er sei ein »Oarsch«.

Zu meiner Verteidigung darf ich vielleicht anführen, dass er zuvor ein ganzes Buch geschrieben hat, in dem ich sehr negativ dargestellt wurde, und dieses auch veröffentlicht hat. Angesichts dessen war meine sehr kurze Reaktion darauf, die nicht einmal für die Öffentlichkeit gedacht war, ein wesentlich bescheidenerer Ausdruck der eigenen Emotion, als es bei ihm der Fall war.

Die ganze Debatte wurde teilweise, denke ich, mit einer gewissen Scheinheiligkeit geführt. Oder bin ich der einzige Mensch, der schon einmal einen Kraftausdruck verwendet hat? Jetzt kann ich nicht für die gesamte österreichische Bevölkerung sprechen, aber wenn ich an die Kraftausdrücke von vielen Politikern und Journalisten des Landes denke – die meisten davon kenne ich doch sehr gut –, was da über politische Gegner, über sogenannte Parteifreunde in den eigenen Reihen, von Politikern über Medienvertreter, von Medienvertretern über Politiker gesagt und von Medienvertretern über Medienvertreter gesagt und geschrieben wird und wurde, dann bin ich nicht so sicher, ob diese eine Mitteilung ein so großer Fehltritt war. Wenn alle diese Nachrichten, Gespräche oder Telefonate von Politikern und Medienvertretern öffentlich gemacht werden würden, dann wäre da noch sehr viel Raum für Empörung.

2016 schreibt Thomas Schmid, damals Generalsekretär im Finanzministerium, dass Kern und Mitterlehner über 1,2 Milliarden Euro für die Nachmittagsbetreuung verhandeln. Kurz antwortet, das sei gar nicht gut, ob man das aufhalten könne, etwa indem man »ein Bundesland aufhetze«. Die zweite Nachricht betrifft die katholische Kirche. 2019 führt Schmid ein Gespräch mit dem Generalsekretär der katholischen Bischofskonferenz, Peter Schipka, über Steuerprivilegien. Kurz schreibt: »Gib Gas!«

Mein flapsiger Kommentar zur Kindergartenmilliarde, die Mitterlehner investieren wollte, wurde aus meiner Sicht in einen falschen Kontext gestellt. Es war nicht die Frage, ob diese Milliarde investiert wird, sondern es war die Frage, ob das Geld vom roten Bildungsministerium an den Bundesländern vorbei ausgeschüttet wird, ob es eine Verpflichtung zur Ganztagsschule geben soll, und auch, ob überhaupt so viel an Budget zur Verfügung steht. Inhaltlich entsprach das der Vorgehensweise und Linie der Volkspartei. Ich kann daran beim besten Willen nichts Unredliches erkennen, wenn man sich politisch für die eine oder die andere Sache einsetzt.

Das gilt auch für die Chats, in denen es um die katholische Kirche ging. »Gib Gas« ist sicher keine Formulierung, die ich in diesem Zusammenhang noch einmal verwenden würde. Da war zu viel Emotion dabei. Allerdings nicht ohne Anlass. Denn kurz davor gab es heftige Kritik an den Plänen der türkis-blauen Regierung, die Mindestsicherung zu reformieren und eine Sicherungshaft für straffällige Asylwerber einzuführen. Kritik und auch rechtsstaatliche Bedenken sind immer legitim. Diese hat ja auch Kardinal Schönborn geäußert. Wörtlich sagten gewisse Vertreter der Kirche damals, man müsse nicht achtzig Jahre zurückgehen, sondern nur an noch immer bestehende diktatorische und totalitäre Regime denken, um zu erahnen, welche Gefahren aus dem »Projekt Sicherungshaft« entstehen könnten. Diesen Vergleich empfand ich als unangebracht und konnte ihn bei allem Verständnis für unterschiedliche Meinungen beim Thema Zuwanderung nicht nachvollziehen.

Während meiner gesamten Regierungszeit bestand immer ein guter Kontakt mit Kardinal Schönborn und auch vielen anderen Vertretern der katholischen Kirche. Als ich die Politik verließ, bekam ich viele positive Rückmeldungen, was uns in dieser Zeit gelungen ist.

Die Aufregung um diese Chats ist auch ein Musterbeispiel dafür, wie unterschiedlich Wahrnehmungen sein können. Thomas Schmid schrieb in seinen Chatnachrichten, dass Generalsekretär Schipka zu schwitzen begonnen habe, »zunächst rot, dann blass, dann zittrig« und schließlich »fertig war«. Schipka hingegen sprach in einem Interview über dasselbe Treffen von einem »sachlichen und freundschaftlichen Gespräch«. Auch der Ort des Treffens war nicht das Finanzministerium, sondern es fand in den Räumlichkeiten der Österreichischen Bischofskonferenz statt. Vielleicht sollte man deshalb nicht jede Chatnachricht, die Thomas Schmid geschrieben hat, zu hundert Prozent für bare Münze nehmen.

Aus meiner Sicht war das Vertrauen zwischen der katholischen Kirche und der Regierung nach Bekanntwerden dieser Unterredung, in der es offenbar auch um Steuern ging, nicht erschüttert. Kardinal Schönborn hat gegenüber Ministerin Susanne Raab damals gemeint: »Wer ohne Sünde ist, der werfe den ersten Stein.«

Natürlich hätte ich meine Emotionen vielleicht besser im Griff haben sollen und natürlich war die eine oder andere Formulierung nicht perfekt und deshalb geeignet, den Inhalt vollkommen zu verdrehen. Ja, damit muss ich eben leben.

In Summe habe ich in meiner gesamten Zeit in der Politik gut mit der katholischen Kirche zusammengearbeitet – beim Kampf gegen die Verfolgung von Christen, beim Erhalt von heimischen Kirchen und Klöstern bis hin zu bioethischen Fragen. Das ist vermutlich auch dem Umstand geschuldet, dass viele Mitglieder meines Teams kirchlich engagiert sind.

Interessanterweise sind ja von den Hunderttausenden Nachrichten jene zwischen Thomas Schmid und Vertretern der Sozialdemokratie nie öffentlich gemacht worden. So wie auch die überwiegende Anzahl von Chatnachrichten zwischen Heinz-Christian Strache, Herbert Kickl und Norbert Hofer niemals den Weg an die Öffentlichkeit gefunden hat. Es gab in der Auswertung offenbar einen starken Fokus auf meine Person. Das nehme ich zur Kenntnis.

Ich sehe die Ermittlungen gegen mich mittlerweile sehr gelassen. Ich weiß, was ich in meinem Leben getan habe und was nicht. Ich habe mir strafrechtlich nie etwas zuschulden kommen lassen. Sicher habe ich nicht nur in der Kommunikation mit Thomas Schmid, sondern auch mit anderen schon das eine oder andere Mal unangebrachte Formulierungen verwendet oder aus einer Emotion heraus Dinge geschrieben, die ich vielleicht heute nicht mehr schreiben oder sagen würde. Ich habe großen Respekt vor all jenen Menschen, denen so etwas nie passieren könnte. Aufgrund meiner Erfahrungen denke ich aber, viele Politiker werden nicht darunter sein.

21

ISRAEL

*»Zu erleben, dass bei Holocaust-Überlebenden
trotz all dem Schrecklichen auch eine starke Sehnsucht
da ist, Frieden mit ihrer alten Heimat zu schließen,
hat mich sehr bewegt.«*

Als Schüler habe ich das Konzentrationslager Mauthausen besucht. Die Stätten zu sehen, an denen diese Gräueltaten verübt worden sind, Räume zu betreten, die als Gaskammern genutzt wurden, um Tausende zu ermorden, war für mich verstörend und auch überfordernd. Ein Gespräch mit einem Holocaust-Überlebenden, der mir seine höchst persönliche Geschichte erzählte, hat in mir noch mehr an Bewusstsein geschaffen, dass wir in Österreich aufgrund unserer Geschichte eine ganz besondere Verantwortung tragen. Als ich mich später politisch engagierte, setzte ich mich mehr und mehr auch mit diesem dunklen Kapitel unserer Geschichte auseinander. Ich spürte ein Bedürfnis, im Umgang damit einen Beitrag zu leisten. Auch wenn niemand von der jüngeren Generation an diesem Verbrechen beteiligt war, gibt es eine kollektive historische Verantwortung.

Als Außenminister habe ich nicht nur Israel, sondern auch die Palästinensergebiete besucht und viele persönliche Eindrücke mitnehmen können. Es hat zu Recht viele internationale Anstrengungen gegeben und es gibt sie nach wie vor, die Lebensbedingungen der Palästinenser zu verbessern und alles zu tun, um in dieser Region mehr Entwicklungsmöglichkeiten und Zukunftshoffnung zu schaffen. Die schwierige Situation, in der sicherlich viele Palästinenser leben, rechtfertigt trotzdem niemals Gewalt oder Terror.

2018 reist der österreichische Regierungschef zu einem historischen Besuch nach Israel. Bei einer Tagung des American Jewish Committee (AJC) in Jerusalem sagt er einen Satz, den vor ihm noch kein österreichischer Politiker in dieser Deutlichkeit ausgesprochen hat: »Die Sicherheit Israels ist nicht verhandelbar.« Aus moralischer Verpflichtung gehöre dies zur österreichischen Staatsräson. Der Vorsitzende des AJC, David Harris, dessen Vater 1938 aus Österreich geflüchtet war, ist berührt. »Ich hätte mir gewünscht, dass mein Vater Eric Harris das noch gehört hätte.«

Es war das Gedenkjahr an 1938, wir haben die Holocaust-Gedenkstätte Yad Vashem besucht. Da waren zwei sehr widersprüchliche Empfindungen. Zum einen ist ein Besuch von Yad Vashem als österreichischer Regierungsvertreter, mit unserer Geschichte und der historischen Verantwortung, alles andere als einfach – weder persönlich noch diplomatisch. Auf der anderen Seite war es aber auch ein schöner Besuch, weil ich von Anfang an bemerkt habe, mit welcher Offenheit und auch Begeisterung in Israel wahrgenommen wird, dass es eine klare politische Linie gibt und Österreich führend den Kampf gegen den Antisemitismus in Europa vorantreibt. Es war schön, das nicht nur auf der politischen Ebene zu erleben, sondern insbesondere in den Gesprächen mit Holocaust-Überlebenden, die ich im Anschluss an den Besuch nach Österreich eingeladen habe.

Damals wurde mir klar, wie viel Österreich diesen Menschen in ihrer Zerrissenheit persönlich bedeutet. Einerseits ist Österreich als Ort, an dem sie aufgewachsen und groß geworden sind, etwas Besonderes und auch Schönes, gleichzeitig ist es aber auch der Ort, an dem ihnen alles genommen wurde. Ihre Würde, ihr Zuhause und oftmals auch ihre nahen Angehörigen, die ermordet worden sind. Zu erleben, dass bei diesen Menschen trotz all dem Schrecklichen auch eine starke Sehnsucht da ist, Frieden mit ihrer alten Heimat zu schließen, hat mich sehr bewegt.

Einige Schritte konnten wir in unserer Regierungszeit umsetzen. Wir haben zum Ersten die Unterstützung Österreichs für den Staat Israel zur Staatsräson erhoben. Zum Zweiten haben wir, langfristig und unabhängig von der Tagespolitik, die Unterstützung für die jüdische Gemeinde in Österreich auf ein sicheres Fundament gestellt. Mir war es wichtig, dass sich die jüdische Gemeinde, die heute in Österreich lebt – mittlerweile ist es eine sehr kleine Gruppe von weniger als 10.000 Menschen –, bei uns sicher und geborgen fühlt. Drittens wurde die Gesetzesnovelle für die Vergabe von Staatsbürgerschaften im September 2019 kurz vor der Nationalratswahl vom Parlament einstimmig beschlossen. Nicht nur bei dieser Gesetzesänderung, sondern

auch bei allen anderen Schritten haben mich Nationalrats-
präsident Wolfgang Sobotka, Bundesministerin Karoline
Edtstadler, der Nationalratsabgeordnete Martin Engelberg,
aber natürlich ganz besonders der Präsident der Kultusge-
meinde Ossi Deutsch stets unterstützt. Es war schön, zu sehen, dass diese Bemühungen nicht nur mir, sondern vielen
anderen in unserem Land auch ein großes Herzensanlie-
gen sind.

Im Juli 2021 habe ich dann symbolisch fünf Nachfahren
und einer Holocaust-Überlebenden in New York die österreichische Staatsbürgerschaft bei einer feierlichen Zere-
monie überreicht. Mittlerweile haben das Tausende Kinder und Enkelkinder von Holocaust-Opfern in Anspruch
genommen.

Jedes Mal, wenn ich heute in die USA reise, ist irgendje-
mand im Flieger, der mich darauf anspricht, weil entweder
er selbst oder ein Familienangehöriger oder Freund diese
Möglichkeit genutzt hat. Es ist gut, dass die Republik Österreich diesen Menschen die Möglichkeit bietet, Frieden
mit ihrer alten Heimat oder der Heimat ihrer Eltern und
Großeltern zu schließen.

Auch die Namensmauern im Ostarrichi-Park vor der Na-
tionalbank in Wien, für die der Initiator Kurt Yakov Tutter
bereits jahrelang gekämpft hatte, konnten 2018 umgesetzt
werden. 2021 wurde die Gedenkstätte eröffnet. Sie ist heute
ein sichtbares Zeichen für die Opfer des Nationalsozialis-
mus, sie erinnert an über 64.000 ermordete österreichische
Jüdinnen und Juden während der Schoah und schafft einen
Ort der Andacht für nachfolgende Generationen.

Bei einem Foto, das den österreichischen Kanzler und Israels Premierminister mit dem Holocaust-Überlebenden Viktor Klein vor einer Weltkarte zeigt, verweist Benjamin Netanjahu darauf, dass er so vor der Karte platziert ist, dass sein Kopf genau jenes Land verdeckt, das dem Staat Israel keine Existenzberechtigung zubilligt: den Iran. In Wien wird zu dieser Zeit gerade das Iran-Abkommen ausgehandelt.

Österreichs klare Haltung zu Israel war bei den Gesprächen mit dem Iran nie ein Hindernis. Die inakzeptablen Äußerungen des iranischen Präsidenten Rohani und anderer iranischer Spitzenvertreter, in denen zur Vernichtung Israels aufgerufen wurde, habe ich stets auf das Schärfste verurteilt, nicht nur medial, sondern auch im persönlichen Gespräch. Da geht es nicht um eine Anti-Iran-Haltung, sondern um das klare Bekenntnis Österreichs zum Staat Israel. Dieses Bekenntnis gab es nicht immer.

1991 übernimmt Franz Vranitzky vor dem österreichischen Nationalrat eine »moralische Mitverantwortung« Österreichs für die begangenen Verbrechen während der NS-Zeit und leitet damit einen Paradigmenwechsel in der österreichischen Politik ein. 1993, beim ersten Besuch eines österreichischen Bundeskanzlers in Israel, bittet Vranitzky »jene, die überlebt haben, und die Nachfahren der Opfer der Schoah« um Verzeihung und legt in Yad Vashem symbolisch einen Kranz nieder.

Alle unsere Bemühungen, die Beziehungen zu Israel zu verbessern, führten wieder zu einem regen Austausch mit diesem faszinierenden Land und wurden dort parteiübergreifend unterstützt. Ich hatte immer ein gutes Verhältnis zu Benjamin Netanjahu, zu Jair Lapid und weiteren israelischen Politikern wie Naftali Bennett. Inhaltlich fand dies auf allen Ebenen statt: Es gab Jugendaustauschprogramme, Wissenschaftskooperationen und eine enge Zusammenarbeit im Bereich der Wirtschaft, was für Österreich sehr bereichernd war, weil Israel ein pulsierendes Land mit einer beeindruckenden wirtschaftlichen Entwicklung ist, gerade auch im Bereich der Innovation.

Aufgrund seiner schwierigen politischen Situation, umgeben von nicht nur wohlgesonnenen Nachbarn, ist Israel auch ein Staat mit einem starken Überlebenswillen und reagiert daher bei Bedrohungen besonders effektiv.

Ein Hauptgrund für unsere schnelle Reaktion in Österreich zu Beginn der Pandemie war die Vernetzung mit dem Staat Israel. Das war kein Zufall. Wir haben mit vielen Regierungschefs, Experten und Forschern aus aller Welt gesprochen, um von deren Erfahrungen und Herausforderungen zu lernen. Aber es war Benjamin Netanjahu, der mich als Erster anrief und meinte: »Ihr unterschätzt das in Europa, wacht auf und tut etwas!« Im Abstand von nur zwei Tagen gingen Österreich und Israel in den Lockdown. Auch später gab es regelmäßige Videokonferenzen und somit einen intensiven Austausch, auch was die Etablierung des »Grünen Passes« betraf, sowie bei der Beschaffung von Impfstoffen.

Als die Terrororganisation Hamas im Mai 2021 Israel tagelang mit Raketen beschießt, hisst Österreich auf dem Bundeskanzleramt als Zeichen der Solidarität mit der dortigen Zivilbevölkerung die israelische Flagge. Kritik kommt aus der Türkei, wo Präsident Erdoğan den österreichischen Staat »verflucht«. Daraufhin wird der türkische Botschafter ins Außenministerium zitiert. Der iranische Außenminister verschiebt seinen geplanten Besuch in Wien.

Ich bin bis heute froh, dass wir dieses klare Signal gesetzt haben. Gewalt und Terrorismus sind niemals ein adäquates Mittel und durch nichts zu rechtfertigen. Das gilt überall auf der Welt und genauso auch für Israel.

Ich hatte immer sehr gute Beziehungen zu den arabischen Staaten. Auch seit dem Rückzug aus der Politik bin ich sowohl in Israel als auch im arabischen Raum sehr viel unterwegs. Dass es jetzt zu einer immer stärkeren Annäherung zwischen den arabischen Staaten und Israel kommt, halte ich für großartig. Diese Entwicklung hat in einigen arabischen Ländern, vor allem am Golf, bereits positive wirtschaftliche und gesellschaftliche Veränderungen ausgelöst, die zu einer noch weiteren, großen Dynamik in den betreffenden Ländern führen werden. Es wird einerseits die Region wirtschaftlich noch weiter beflügeln und zum anderen stärkt das massiv die Sicherheitssituation in dieser seit Jahrzehnten sehr fragilen Weltregion. Schon deshalb läge es im Interesse Europas, diese positive Entwicklung noch weiter zu fördern. Wichtig sind Stabilität und Frieden. Das liegt nicht zuletzt auch in unserem wirtschaftlichen Interesse, denn wir leben vom Export. Stabilität in dieser geopolitisch so wichtigen Region mit zentralen Handelswegen wie dem Suezkanal und der Straße von Hormus ist auch für uns von elementarer Bedeutung.

Große Visionen, wie sich das Verhältnis zwischen Israelis und Palästinensern entspannen kann, gab es schon viele. Wahrscheinlich ist es besser, statt der unerfüllten großen Visionen kleine Schritte zu machen. Jede Form des friedlichen Miteinanders ist ein Schritt in die richtige Richtung. Dass die Golfstaaten und Israel mehr und mehr aufeinander zugehen, ist ein Jahrhundertereignis in dieser Region und wird auch für die Lösung der Palästinenserfrage sehr hilfreich sein.

Natürlich gibt es die Hoffnung, dass es irgendwann zu einer Zwei-Staaten-Lösung kommt, und darauf arbeitet die Staatengemeinschaft ja auch weiterhin hin. Allerdings haben all die Friedensbemühungen der letzten Jahrzehnte eines gemeinsam: Sie sind gescheitert. Dennoch ist in den letzten Jahren etwas Bemerkenswertes gelungen, nämlich eine massive Annäherung zwischen Israel und einigen muslimisch geprägten arabischen Staaten in dieser Region. Das schien nicht nur jahrzehntelang, sondern auch noch in den letzten Jahren undenkbar. Diese Dynamik ist der Beweis, dass ein friedliches Miteinander unterschiedlicher Weltreligionen und unterschiedlicher Ethnien in einer Region, die eigentlich immer für Spannungen, Terror und Krieg bekannt war, möglich ist. Diese Annäherung bringt mehr Stabilität, mehr Sicherheit und auch enormes wirtschaftliches Potenzial für die gesamte Region. Hier haben die Verantwortungsträger, vor allem in Israel, aber auch in den Vereinigten Arabischen Emiraten und anderen arabischen Ländern, sehr viel Mut bewiesen.

Als Unternehmer erlebe ich auch in der Praxis, wie sich der Mittlere Osten verändert. Mittlerweile gibt es Direktflüge zwischen den Vereinigten Arabischen Emiraten und Tel Aviv, es gibt mehr und mehr Austausch. Und wenn man geschäftlich in Abu Dhabi unterwegs ist, begegnet man mehr und mehr israelischen Geschäftsleuten. Das sind alles Meilensteine im Zusammenleben in einer Region, in der lange blanker Hass regiert hat. Und es ist ein Zeichen der Hoffnung für andere herausfordernde Situationen auf unserer Welt.

22

KONSTANTIN

*»Den endgültigen Entschluss, mich zurückzuziehen,
habe ich nach der Geburt meines Sohnes im Spital
gefasst. Dort hat sich plötzlich alles richtig angefühlt.«*

**»Ich werde jetzt aufbrechen und meinen Sohn
und meine Freundin aus dem Spital abholen.«
Mit diesen Worten zieht sich Sebastian Kurz am 2.
Dezember 2021 aus allen politischen Ämtern zu-
rück. Als Grund gibt er an, dass er nach zehn Jahren
Regierungspolitik, auch aufgrund der Anschuldi-
gungen, mehr und mehr die Freude an der Politik
verloren hat. Gegen den Ex-Kanzler und sein enges
Umfeld laufen Ermittlungen der Wirtschafts- und
Korruptionsstaatsanwaltschaft.**

Am Donnerstag, den 2. Dezember 2021, war Konstantin
fünf Tage alt. An diesem Donnerstag hielt ich meine Rücktrittsrede. Sie dauerte gerade einmal 17 Minuten.

Seit Oktober, als ich den Platz an der Spitze frei gemacht
hatte, war vieles von dem, was mir an der Politik Freude
gemacht hat, schlagartig weggefallen. Die Möglichkeit, gestalten zu können, mit einem Team von Ministern für das
Land zu arbeiten, die österreichischen Interessen in der
Welt zu vertreten, all das war plötzlich der parlamentari-
schen Arbeit gewichen. Als Klubobmann der VP-Fraktion

ist man ausschließlich mit Innen- und somit Parteipolitik konfrontiert.

Um kein Missverständnis aufkommen zu lassen: Ich bin absolut der Auffassung, dass ein funktionierendes und lebendiges Parlament in einer Demokratie notwendig ist. Auch der Diskurs, der dort stattfindet, ist wichtig. Aber für mich war sehr schnell klar, dass die Art und Weise, wie der Diskurs dort geführt wird, nicht meine Sache ist. Ich denke, dass ich nicht der Einzige bin, der das so sieht.

Viele der Parlamentsdebatten finden in einer sehr aufgeladenen Atmosphäre statt. Oft geht es nicht mehr um Inhalte oder Ideen, sondern nur noch um die Auseinandersetzung und um persönliche Herabwürdigungen. Bei vielen Bürgern führt es schon zu einem gewissen Frust, wenn sie sich die Parlamentssitzungen im Fernsehen anschauen. Aber wenn man dort den ganzen Tag verbringt, dann ist diese Erfahrung noch einmal wesentlich intensiver. Ich habe das Parlament als einen Ort mit sehr viel negativer Energie erlebt. Im Gegenzug hat mir diese Arbeit wenig Positives gegeben.

Politik hat natürlich immer auch ihre Schattenseiten. Aber in meiner gesamten Zeit in der Bundesregierung überwog doch stets das Positive. Dieses Gefühl ist mir im Parlament verloren gegangen. Ich bin dort einer Tätigkeit nachgegangen, die ich nicht wirklich gerne gemacht habe und die meiner Persönlichkeitsstruktur auch nicht entspricht. Gleichzeitig wurde mir durch die Veränderungen in meinem Privatleben bewusst, dass es außerhalb der Politik noch sehr viel anderes und sehr viel Schönes gibt.

Und so reifte in einem längeren Prozess, der sich durch die Geburt meines Sohnes noch beschleunigt hat, schließlich die Entscheidung, dass ich für meinen nächsten Lebensabschnitt ein neues Kapitel aufschlagen will.

Den endgültigen Entschluss, mich zurückzuziehen, habe ich nach der Geburt meines Sohnes im Spital gefasst. Dort hat sich plötzlich alles richtig angefühlt. So ein kleines Baby kann man ja stundenlang anschauen und ist froh und glücklich. Ich habe noch eine Nacht darüber geschlafen und meine Entscheidung dann kommuniziert. Im Vorfeld meinem Team, denn ich wollte diese Entscheidung den Menschen, mit denen ich über all die Jahre so eng zusammengearbeitet habe, persönlich mitteilen. In den Stunden vor meiner Pressekonferenz dann den Verantwortlichen in der Regierung und der Volkspartei, den Landeshauptleuten und dem Koalitionspartner.

Ich war die vergangenen zehn Jahre mit hundertprozentiger Begeisterung bei der Sache, ich hatte immer enorme Freude an der politischen Arbeit. Wenn man etwas mit hundertprozentiger Begeisterung, Aufmerksamkeit und Energie macht, dann gibt es kaum noch einen Blick für anderes. Erst mit ein bisschen Abstand wird einem klar, wie bunt und vielfältig die Welt ist. Es tun sich Möglichkeiten auf, die man vorher gar nicht gesehen hat.

»Ich bin weder ein Heiliger noch ein Verbrecher«, sagt Kurz in seiner Rücktrittsrede in Anspielung auf die Korruptionsvorwürfe. »Ich habe Politik immer als Wettbewerb der besten Ideen verstanden. Zuletzt

war mein politischer Alltag kein Wettbewerb der
besten Ideen mehr, sondern viel eher die Abwehr von
Vorwürfen, Anschuldigungen, Unterstellungen und
Verfahren.«

Oft heißt es, die Politik sei ein undankbares Geschäft. Mir
war es wichtig, in meiner Abschiedsrede festzuhalten, dass
ich das nicht so sehe. Ich fand es unglaublich schön, sich
für etwas einsetzen zu dürfen, woran man glaubt. Die Politik ist ein hartes Geschäft, keine Frage, aber als Politiker
bekommt man auch sehr viel zurück.

Ich hatte immer einen sehr gelassenen Zugang zu Veränderungen. In einer Demokratie finden immer wieder
Wechsel statt, das ist auch gut so. Ich durfte in der österreichischen Bundesregierung zehn Jahre hindurch meinen
Beitrag leisten, Politik auf allen Ebenen und bis ins kleinste
Detail erlernen und erleben. Als Außenminister und Bundeskanzler habe ich die ganze Welt in ihrer Unterschied-
lichkeit gesehen. Aber es war nie Teil meiner Lebenspla-
nung, in der Politik in Pension zu gehen.

Ich wusste auch genau, worauf ich mich einlasse. Ich
war nie naiv. Ich habe die positiven Seiten der Politik genossen und hatte gleichzeitig immer auch einen sehr realistischen Blick auf die dunklen, ernüchternden Seiten.

Mir war am Tag unseres Wahlsiegs im Jahr 2017, aber eigentlich schon am Tag, an dem ich als Spitzenkandidat für
die Volkspartei in die Wahl gegangen bin, klar, dass jetzt
eine ganze Heerschar an Menschen, teilweise unbezahlt,
teilweise bezahlt, alles versuchen wird, um mich in irgend-

einer Form zu beschädigen. Mit dem Wahlerfolg 2019, der jenen im Jahr 2017 noch übertroffen hat, war klar, dass sich dieses Phänomen noch verstärken würde. 2019 erreichten wir sogar den historisch größten Abstand zwischen dem Wahlsieger und dem Zweitplatzierten.

Ich weiß von vielen anderen Regierungschefs, die ich im Laufe meiner Kanzlerschaft kennengelernt habe, dass es zum Geschäft gehört, ständig Vorwürfen ausgesetzt zu sein. Aber wenn man es selbst in dieser Form erlebt, dann ist es doch etwas sehr Kraftraubendes, etwas Zehrendes. All die Anfeindungen gegen mich und mein Team, all die Verleumdungen möchte ich nicht noch einmal erleben. Es ist immer wieder interessant, dass oftmals diejenigen, die am lautesten von Toleranz sprechen, im politischen Wettbewerb diejenigen sind, die gegenüber politisch Andersdenkenden am intolerantesten agieren. Das Level der Aggression, das manchen von uns entgegengebracht wurde, war speziell für die Familien im Hintergrund eine große Belastung.

Wer einen starken Gestaltungswillen hat, verspürt den Drang, Vorstellungen auch in die Realität umzusetzen. Obwohl zuletzt alles im Fokus der Pandemiebekämpfung gestanden ist, haben wir doch einige Vorhaben realisiert, die mir immer ein großes Anliegen waren. Etwa die Einführung des Familienbonus und eine steuerliche Entlastung für Familien sowie die Entlastung für arbeitende Menschen durch die Senkung der Lohnsteuerstufen, das Erreichen des Nulldefizits nach sechzig Jahren Schuldenpolitik, die Zusammenlegung der Sozialversicherungen, die Flexibilisierung der Arbeitszeit und die Erhöhung der kleinen Pensionen für jene Menschen, die ihr Leben lang hart gearbeitet haben.

Wir haben etwas Neues gewagt, Veränderungen eingeleitet und den absoluten Stillstand, für den die Große Koalition zuletzt stand, beendet. Das System des politischen Proporzes von Rot und Schwarz, die sich die Republik aufgeteilt haben, wurde von uns aufgebrochen. Das ist in einer sehr harmonischen Zusammenarbeit mit der FPÖ und dann, in einer gänzlich anderen Konstellation, mit den Grünen möglich geworden.

Als größte Erfolge sehe ich unter anderem die Budgetbeschlüsse, mit denen wir nach jahrzehntelanger Schuldenpolitik den Staatshaushalt wieder unter Kontrolle gebracht haben, die Einführung des Familienbonus, der mir gezeigt hat, wie viel Positives nur ein Gesetz für Familien und hart arbeitende Menschen bewirken kann, und unseren realistischen Zugang zu und Umgang mit der Migrationsfrage, wo wir viele, auch über die Grenzen von Österreich hinaus, überzeugen konnten und ein Umdenken eingeleitet haben. Die unmittelbaren Auswirkungen von Politik auf die Menschen in unserem Land zu sehen, war sicherlich am bewegendsten.

Für mich zählen aber auch die kleinen Erfolge. Ich habe als Politiker Menschen aus ganz unterschiedlichen Ecken und Denkrichtungen kennengelernt. Bei jeder längeren Heimreise aus einem der Bundesländer, meist zu später Stunde, wenn wir uns bei der Tankstelle Kaffee und Wasser geholt haben, sind wir meistens noch auf eine Gruppe von

Leuten getroffen, die zusammensaßen und das eine oder andere Bier tranken. Die Gespräche begannen meist gleich, im Vorbeigehen mit den Worten: »He, bist du wirklich der Kurz?« Durch solche Unterhaltungen habe ich einiges über den Hintergrund und die Situation dieser Menschen erfahren.

Das schönste Gefühl war, wenn Menschen meinem Team und mir ihre Sorgen und Nöte anvertraut haben und man nicht nur zuhören, sondern die Dinge zumindest ein Stück weit auch in die richtige Richtung verbessern konnte. Das sind eigentlich die wahren Erfolge, weil man sie unmittelbar spüren und erleben kann.

Im ersten Interview einige Monate nach meinem Rückzug wurde ich gefragt, ob ich mir ein Comeback vorstellen könnte. Ich war immer ein sehr begeisterungsfähiger Mensch und bin deshalb sehr schnell im neuen Lebensabschnitt angekommen. Ich freue mich immer, wenn ich Weggefährten sehe, mit denen ich doch einen Großteil meines Lebens verbracht und viel gemeinsam erlebt und erreicht habe. Jetzt empfinde ich genauso große Freude an meinen neuen Aufgaben, ich genieße mein neues Leben wirklich sehr. Ich kann nicht sagen, was ich in zwanzig Jahren genau machen werde. Aber mein Rückzug aus der Politik ist endgültig. Für mich spielt Innenpolitik kaum mehr eine Rolle.

Meine Eltern waren immer sehr besorgt, dass ich in die Politik gegangen bin. Ich glaube, sie hätten sich einfach einen etwas ruhigeren, beschaulicheren Lebensweg für mich gewünscht. Je größer die Verantwortung wurde, desto mehr hat ihre Sorge überhandgenommen.

In der Politik ist man vielen Anfeindungen ausgesetzt. Eltern wünschen sich das natürlich nicht unbedingt für das eigene Kind. Da aber vor allem meine Mutter, wenn ich nun in der Privatwirtschaft Entscheidungen treffe, unternehmerische Risiken eingehe oder Investitionen tätige, noch immer besorgt ist, habe ich mittlerweile die Theorie, dass diese Sorge nicht unbedingt mit der Tätigkeit zusammenhängt, sondern eher eine Grundeigenschaft von Müttern und, wie ich jetzt weiß, vielleicht in etwas abgeschwächter oder anderer Form auch von Vätern ist.

Wenn man mich fragt, was ich aus meiner Zeit in der Spitzenpolitik am meisten vermisse, dann ist die Antwort ganz klar: mein Team und die unzähligen, größtenteils ehrenamtlichen Mitstreiter und Unterstützerinnen in allen Regionen Österreichs. Der Moment, in dem ich meinen Weggefährten, Kollegen und Freunden mitgeteilt habe, dass ich gehe und dass ich sie um Verständnis für diesen Schritt bitte, war für mich der emotionalste, den ich in zehn Jahren Spitzenpolitik erlebt habe. Das sind großartige Persönlichkeiten, die unglaublich viel geleistet und rund um die Uhr gearbeitet haben, ohne jemals zu klagen oder dafür extra entlohnt zu werden.

Ich möchte an dieser Stelle all jenen danken, vor allem den unzähligen Funktionärinnen und Funktionären der Volkspartei, die mir geraten haben, mutig zu sein. Hier schließt sich der Kreis zu Niki Lauda. Außer ihm gab es noch viele andere, die meinten: »Mach es! Tu was! Ändere was!« Das haben wir getan, auch wenn manche der Projekte nicht vollständig umgesetzt werden konnten. Es wäre da und dort sicherlich gut gewesen, mehr Zeit zu haben und manches von dem, was auf unserer Agenda stand, noch zu vertiefen und abzuschließen.

Trotzdem haben mein Team und ich gemeinsam mehr erlebt, erfahren und erreicht, als wir uns jemals erträumt hätten.

23

UNTERNEHMER

»Alle meine neuen Tätigkeiten sind der Beginn einer
Reise. Ich stehe am Anfang und vieles ist in Bewegung.
Diese Reise wird noch lange dauern und
mich sicher noch oft überraschen.«

Für Unternehmertum und die Welt der Privatwirtschaft
habe ich schon sehr früh ein großes Interesse und Begeisterung entwickelt. Ich wollte wissen, wie Unternehmer
denken, was sie bewegt, wie sie schwierige Entscheidungen treffen, welche Kriterien und Parameter sie dafür he-
ranziehen. Immerhin verdankt Österreich seinen Erfolg
und Wohlstand in erster Linie den mutigen Unternehmern
und ihren fleißigen Mitarbeitern.

Mein Zugang war immer ein sehr marktorientierter. Po-
litik soll einen Rahmen schaffen und nicht das Leben der
Menschen bis ins kleinste Detail regeln. Freiheit und nicht
Regulierung ist die Basis für Innovation und Fortschritt.

Ein Synonym für Innovation und Fortschritt, aber auch
für disruptive Veränderungen ist das Silicon Valley. Dort
befinden sich sieben von den Top Ten der weltweit erfolgreichsten Tech-Unternehmen. Leider ist Europa dabei, hier
mehr und mehr den Anschluss zu verlieren. In den letzten Jahrzehnten sind gerade im Tech-Bereich Unternehmen entstanden, die eine unglaubliche Wertschöpfung
generieren. Diese Unternehmen sind aber auch deshalb so

relevant, weil sie mittlerweile unser tägliches Leben, die Art und Weise, wie wir kommunizieren, lernen, einkaufen oder uns fortbewegen, maßgeblich beeinflussen.

Für Politiker ist es ganz entscheidend, nicht nur im Hier und Jetzt zu agieren, sondern vor allem das Morgen im Auge zu behalten. Wenn Österreich den digitalen Wandel mitgestalten will, der unsere Arbeitswelt und Wirtschaft grundlegend verändern wird, dann muss es von den Besten lernen. Um ein Gefühl dafür zu entwickeln, wo die Reise hingehen könnte, bin ich immer wieder ins Silicon Valley gereist, das erste Mal in meiner Zeit als Außenminister im Jahr 2015 mit einer österreichischen Wirtschaftsdelegation. Wir haben dort Unternehmen wie Facebook oder Google sowie führende und aufstrebende Tech-Konzerne besucht.

All diesen technischen und gesellschaftlichen Entwicklungen liegt auch eine Begeisterung für Veränderung zugrunde. Ganz gleich, in welchem Bereich, Neues fand ich immer interessant. Menschen, die versucht haben, Dinge anders zu machen, haben mich immer fasziniert. Da gab es auch immer den Wunsch, aus bestehenden Mustern auszubrechen, dem Trott zu widerstehen, der da lautete: »Wir machen es so, weil es immer so gewesen ist.«

Vielen Menschen macht Veränderung Angst. Das verstehe ich und das ist zu respektieren. Vielleicht fehlt mir dieses Gefühl, weil ich in meinem persönlichen Umfeld auf ein starkes Fundament bauen kann. Die Verbindung zu meiner Familie und zu meinem Freundeskreis ist sehr eng. Ich fühle mich dort, wo ich aufgewachsen bin, heimisch, wohne noch immer ungefähr hundert Meter Luftlinie von dort, wo ich groß geworden bin. Mit dieser gesunden Basis ist es leicht, gedanklich neue Horizonte zu suchen, sich ständig zu fragen: Wie kann man Dinge besser, zielführender, effizienter gestalten? Daher bin ich jemand, der viel davon hält, das zu bewahren, was gut ist, und gleichzeitig das zu verändern, was noch ausbaufähig ist.

Die Lust auf Veränderung bestimmt in gewisser Weise auch meine eigene unternehmerische Tätigkeit. Nach meinem Rückzug aus der Politik Ende 2021 war die Leidenschaft sofort da, ein neues Kapitel aufzuschlagen. Neben unserem neuen Familienglück mit der Geburt unseres Sohnes habe ich gleichzeitig im Dezember 2021 mit voller Begeisterung begonnen, mich an die Arbeit zu machen.

Der Hauptunterschied zu meiner Zeit als Politiker sind klarerweise die Themen, mit denen ich mich tagtäglich beschäftige. Und die mediale Beobachtung, die es in diesem Ausmaß nicht mehr gibt. Das ist eine große Erleichterung. Alles ist sachlicher. Es geht mehr um das Was und weniger um das Wie, das manchmal, wenn in den Medien über Politik berichtet wird, so wichtig erscheint.

Es gibt aus meiner Sicht aber auch einen klaren gemeinsamen Nenner von Politik und Wirtschaft: Es geht in erster Linie um Menschen, um das Zusammenstellen von Teams, und das über alle Landesgrenzen hinaus. Viele Notwendigkeiten in der Politik sind einfach Managementaufgaben und diese sind mit jenen in der Wirtschaft durchaus vergleichbar.

Der zurückgetretene Bundeskanzler und ÖVP-Chef wird Anfang 2022 Global Strategist für Peter Thiel mit Sitz in Kalifornien. Der aus Deutschland stammende Unternehmer war einer der ersten Investoren in Facebook und einer der Gründer von PayPal. Er hat auch den früheren US-Präsidenten Donald Trump im Wahlkampf unterstützt.

Seit Jahresbeginn 2022 bin ich sehr viel im Ausland – im Durchschnitt drei von vier Wochen pro Monat. Mein Hauptwohnsitz bleibt weiterhin Wien, die meiste Zeit bin ich jedoch im Nahen Osten und in den USA unterwegs. Oft begleiten mich meine Freundin und mein kleiner Sohn.

Peter Thiel bin ich schon sehr früh begegnet, das erste Mal als Außenminister bei der Münchner Sicherheitskonferenz. Er ist eine Ausnahmeerscheinung und hat es geschafft, zu einem der erfolgreichsten Investoren der Welt zu werden. Thiel hat wie kaum ein anderer ein Gefühl dafür, wohin die Welt sich entwickelt, wie Trends unser Leben verändern und welche Innovationen sich durchsetzen werden. Ich habe den Austausch mit ihm immer sehr geschätzt und von diesem Austausch auch während meiner politischen Zeit immer wieder profitiert. Thiel ist überzeugter Republikaner, ein sehr meinungsstarker Libertärer. Ich mag Menschen mit klaren Überzeugungen, vielleicht verbindet uns das. Außerdem genieße ich es, verschiedene Meinungen und Blickwinkel auf die Welt zu diskutieren.

Wenn man in der Politik etwas lernt, dann ist es, sich mit vielen Themen gleichzeitig beschäftigen zu müssen, unterschiedliche Teams zu leiten und dabei den Überblick zu bewahren. Ich habe das an der Politik immer sehr geschätzt. Dass man sich mit einer Breite an Themen auseinandersetzen darf, dass eine sinnvolle Standort- und Steuerpolitik genauso relevant ist wie eine sinnvolle Migrations- und Sicherheitspolitik oder eine zukunftsweisende Familien- und Bildungspolitik. Und daher habe ich bei meinem Wechsel in die Privatwirtschaft auch gewusst, dass ich mich weiterhin mit ganz unterschiedlichen Bereichen beschäftigen möchte.

Ich arbeite gerne mit Menschen zusammen und ziehe gern mit anderen gemeinsam an einem Strang. Ich bin keiner, der für die Einsamkeit geschaffen ist. Wahrscheinlich ist auch das der Grund dafür, dass ich all meine Tätigkeiten in den letzten Monaten stets gemeinsam mit Partnern und Teams, die ich mag, gestartet habe.

Die SK Management GmbH hat ihre Büros am Schubertring in der Wiener Innenstadt bezogen. Sie berät und begleitet international tätige Unternehmen mit einem Schwerpunkt im Bereich erneuerbare Energie oder Technologie. Ein weiteres Unternehmen des ehemaligen Bundeskanzlers konzentriert sich auf Investments im Technologie-, Gesundheits- und Pflegebereich. Sein Geschäftspartner ist Alexander Schütz, Gründer der C-Quadrat Investment Group, der breiten Öffentlichkeit als *2 Minuten 2 Millionen*-Investor bekannt. Der Name der gemeinsamen Firma: AS²K. A steht für Alexander, S hoch zwei für Schütz und Sebastian, K für Kurz.

Innerhalb von wenigen Monaten sind die ersten Investments bereits getätigt und haben das Ziel, neben unternehmerischem Erfolg auch einen gesamtgesellschaftlichen Mehrwert zu generieren. Da ist zum Beispiel eine Plattform zur Vermittlung von Pflegekräften. Oder die Beteiligung an einem steirischen Unternehmen, das eine Methode zur Früherkennung von Hauttumoren entwickelt hat. Die Handy-App »SkinScreener« kann mithilfe von künstlicher Intelligenz Hautveränderungen erkennen und so ein erhöhtes Hautkrebsrisiko feststellen.

Warum wir besonders in den Bereichen Gesundheit und Pflege einsteigen, hat einen Grund: Ich bin immer noch überzeugt, dass es neben betriebswirtschaftlichem Erfolg vor allem darauf ankommt, einen Beitrag für die Gesellschaft zu leisten – egal ob in der Politik oder in der Wirtschaft.

Für mich persönlich war Geld nie ein großes Thema, weder im positiven noch im negativen Sinn. Ich stamme aus sehr normalen Verhältnissen und habe sehr früh zu arbeiten begonnen und selbst Geld verdient. Ganz gleich, ob das Tennistrainerstunden als Jugendlicher waren, diverse Ferialjobs nach der Matura oder die Arbeit in einer Kanzlei neben dem Studium. Mein Freundeskreis und mein Lebensstil sind sehr stabil, ohne große Veränderungen. Ich mache mir wenig aus Geld und, wie gesagt, alles wird wieder investiert.

Als ich vor fast zwanzig Jahren begonnen habe, mich politisch zu engagieren, hatte ich keine Ahnung, wohin dieser Weg mich führen würde. Es war niemals mein Ziel, hauptberuflich Politiker zu werden. Ich wollte mich anfangs nur ehrenamtlich einbringen. Sämtliche Stationen, die sich dann ergeben haben, beginnend in der Jungen ÖVP, im Außenministerium und schließlich als Regierungschef, waren nicht geplant. Es waren alles Schritte, mit denen ich nicht gerechnet hatte und die im Nachhinein zwar ein stimmiges Bild ergeben, von denen aber in Wahrheit keiner im Vorhinein auch nur im Entferntesten feststand.

Dasselbe Gefühl habe ich jetzt wieder. Seit ich Unternehmer bin, hat sich alle paar Wochen etwas ergeben, mit dem ich nicht gerechnet hätte. Alle meine neuen Tätigkeiten sind der Beginn einer Reise. Ich stehe am Anfang und vieles ist in Bewegung. Diese Reise wird noch lange dauern und mich sicher noch oft überraschen. Dafür bin ich dankbar.

24

DIE WELT VON MORGEN

*»Es gibt im Moment genug Anlass, einen düsteren
Blick auf die Welt zu haben. Ich glaube aber,
dass wir in Österreich und Europa das Potenzial
haben, alle Krisen zu meistern und einer
der lebenswertesten Orte der Welt zu bleiben.«*

Österreich und Europa blicken auf ein Jahrzehnt zurück, das geprägt ist von einer Vielzahl an Krisen. Die Migrationskrise, der Brexit, die Pandemie und nun auch nach vielen Jahren des Friedens eine kriegerische Auseinandersetzung. Das heißt, wir befinden uns seit Langem in einer volatilen Zeit, in der die permanente Krisenbewältigung den Fokus auf die Weiterentwicklung unseres Kontinents sehr erschwert. So wichtig jedes Krisenmanagement auch ist, darf es uns nicht davon abhalten, zu sehen, dass sich die Welt in einem immer rasanteren Tempo weiterentwickelt. Innovation, Leistung und Bildung sind daher für uns alle von allergrößter Bedeutung, um Wohlstand auch für die zukünftigen Generationen in Europa abzusichern. Dazu fünf Gedanken:

**1. Die Welt ist bunter, als wir glauben,
und mehr als nur Europa**

Noch in den Sechzigerjahren gab es ein ganz klares Bild von der Welt. Sie war in Arm und Reich geteilt, in Nord und Süd, in die »Erste« und in die »Dritte« Welt. Ebenso gab es eine Teilung in den Westen, den Ostblock und die blockfreien Staaten. Dieses Bild ist längst überholt, denn die Welt ist inzwischen bunter, als wir zum Teil noch immer glauben.

Neben den westlich geprägten G7 gibt es die G20-Staaten, wo auch Saudi-Arabien, Indonesien, Russland, Indien oder Südafrika Mitglieder sind. Und als Gegenspieler der G7 etablieren sich immer mehr die BRICS-Staaten (Brasilien, Russland, Indien, China und Südafrika), die ihre Erweiterung sogar vorantreiben wollen. Das sieht man gerade im Zuge des Krieges in der Ukraine, der zeigt, welche unterschiedlichen Sichtweisen es weltweit gibt. Aus unserer Sicht ist das nicht gerechtfertigt, aber das sind Realitäten, mit denen wir uns befassen müssen. Vor allem entwickelt sich die restliche Welt schneller, als es sich viele vorstellen können. Wir sollten deshalb derart veralteten Bildern nicht mehr nachhängen.

Heute leben knapp acht Milliarden Menschen auf der Erde. Bei Hans Rosling in seinem fantastischen Buch *Factfulness – Wie wir lernen, die Welt so zu sehen, wie sie wirklich ist* ist sein Versuch einer Kategorisierung auf Basis von sieben Milliarden Menschen nachzulesen. Rund eine Milliarde davon lebt in extremer Armut, rund eine Milliarde in Reichtum und rund fünf Milliarden Menschen irgendwo in der Mitte. Als »reich« gilt nach seiner Definition jeder, der über fließendes Wasser, Strom und die Möglichkeit verfügt, ein Auto zu besitzen. Das heißt, provokant gesagt, dass sich sehr viele von uns auf derselben Stufe befinden wie Elon Musk oder Bill Gates.

Dieses Bild der sieben Milliarden Menschen zeigt wie kein anderes, wie bunt diese Welt geworden ist, auf der wir leben. Das ist auch kein Prozess, der beendet ist, sondern das wird sich weiter fortsetzen. In einer globalisierten Welt gibt es Unterschiede in den Lebensumständen und das wird am Einkommen besonders ersichtlich, aber es gibt kein »wir« und »sie«. Es steht uns Europäern schlicht und ergreifend nicht zu, uns über andere Menschen und andere Teile der Welt zu erheben und über sie zu urteilen.

Dazu ein anschaulicher Vergleich: Das EU-Mitgliedsland Kroatien zum Beispiel hat laut Schätzungen des IWF für das Jahr 2020 ein Bruttoinlandsprodukt (BIP) pro Kopf von rund 13.800 USD. Das südamerikanische Chile liegt im selben Zeitraum mit seinem BIP pro Kopf von rund 13.000 USD nur knapp darunter. In Uruguay beträgt im Jahr 2020, ebenso laut Schätzungen des IWF, das BIP pro Kopf knapp 16.700 USD. Es liegt damit vor Ungarn und Polen. Österreich hingegen hat laut diesen Schätzungen des IWF 2020 ein BIP pro Kopf von rund 48.000 USD. Das ist vielen in Europa nicht einmal im Ansatz bewusst.

Allein diese Zahlen zeigen, und sie sind nicht irgendwelche Parameter, wie sehr diese Länder in Südamerika aufholen und sich bereits auf Augenhöhe mit einigen EU-Ländern befinden. Das ist kein Zufall, sondern die Realität. Es ist Tatsache, dass eine neue Zeitrechnung begonnen hat, in der Europa alles unternehmen muss, um auf dem wirtschaftlichen Spielfeld nicht ins Abseits zu geraten.

2. Leistung ist der Schlüssel zu Wohlstand

Wir leben, wie zuvor schon beschrieben, in einer globalisierten und bunten Welt. Und das ist auch gut so! Denn Freihandel ist der einzige Weg, um Wohlstand in Österreich aufrechtzuerhalten oder sogar noch weiter auszubauen.

Die Globalisierung ist kaum zu stoppen und alles andere wäre für Europa und insbesondere für Österreich auch nicht gut. Es wäre sogar schädlich für ein exportorientiertes Land wie Österreich. Was es aber absolut braucht, sind sich weiterentwickelnde und faire Regelungen des internationalen Handels, sodass die europäischen Unternehmen überall auf der Welt, auch in China, den selben Marktzugang haben wie diese Unternehmen bei uns.

Denn unsere globalisierte Welt ist eine kompetitive geworden. Viele Staaten dieser Welt holen auf oder überholen uns sogar. Europa ist wahrscheinlich nach wie vor einer der lebenswertesten Kontinente dieser Welt, aber unsere Ausgangslage ist keine einfache. Heute leben in der EU rund 450 Millionen Menschen und sind durchschnittlich knapp 44 Jahre alt. Bis Mitte des Jahrhunderts werden im Mittleren und Nahen Osten (MENA-Region) rund 271 Millionen Kinder, Jugendliche und junge Erwachsene zwischen null und 24 Jahren leben. Der große Unterschied liegt nicht nur in der Entwicklung der Altersstruktur, sondern auch unser Anteil an der Weltwirtschaft verändert sich in den nächsten Jahrzehnten drastisch. Laut einer Studie der Unternehmensberatung Pricewaterhouse-Coopers wird Europas Anteil an der Weltwirtschaft von 15

Prozent bis 2050 auf neun Prozent sinken, während Chinas Anteil von derzeit 18 auf zwanzig Prozent noch weiter zunehmen wird und jener Indiens von sieben auf 15 Prozent.

In einer Zeit, in der der globale Wettbewerb härter wird, werden wir unser Wohlstandsniveau definitiv nur dann aufrechterhalten können, wenn auch wir in Europa weiterhin Hunger nach Erfolg haben und unsere Leistungsbereitschaft groß ist. Es ist wahrscheinlich gut, dass in den letzten Jahrzehnten das Thema Work-Life-Balance wichtiger geworden ist und neben der Erwerbsarbeit ein starker Fokus auf ein funktionierendes Familienleben, aber auch Freizeit und Sport möglich ist. Wenn man den Instagram-Trends folgt, dann hat man aber mehr und mehr das Gefühl, dass das neue Streben ein Streben nach einer Life-Life-Balance ist. Der schönste Strand, die beste Aussicht, der perfekte Urlaub – all das kann das Leben lebenswerter machen, aber es sollte niemals den Blick dafür verstellen, dass unser Lebensstandard nur durch die harte Arbeit der Urgroßeltern-, Großeltern- und Elterngeneration aufgebaut werden konnte und auch nur durch Leistungsbereitschaft und harte Arbeit aufrechterhalten werden kann.

Die Art und Weise, wie wir arbeiten, wird sich in den nächsten Jahren und Jahrzehnten weiter gravierend verändern. Yuval Noah Harari beschreibt diese Veränderung in seinem Buch *Homo Deus – Eine Geschichte von Morgen* sehr anschaulich. Er beschreibt es sinngemäß so, dass bis 2033 wahrscheinlich sehr viele neue Berufe entstehen werden. Er beschreibt darin auch beispielsweise den Job des »Designers für virtuelle Welten«. Solche Berufe werden wahrscheinlich wesentlich mehr Kreativität und Flexibilität erfordern als heutige »Routinejobs« und die entscheidende Frage wird sein, so Harari, ob beispielsweise ein Kassier in einem Lebensmittelgeschäft oder ein Versicherungsvertreter in der Lage sein wird, sich selbst neu zu erfinden. Und wenn sie es schaffen, müssen sie sich vermutlich in einem Jahrzehnt wieder neu erfinden, weil Algorithmen auch da die Menschen übertreffen könnten. Er glaubt nicht, dass die Schaffung neuer Arbeitsplätze das entscheidende Problem ist. Das entscheidende Problem besteht eher darin, immer wieder neue Aufgaben zu schaffen, die von Menschen besser ausgeführt werden als von Algorithmen.

Klar ist für mich ebenso, ohne persönlichen Freiraum gibt es keine Innovation. Und dieser Freiraum bedeutet auch, dass es einen Raum für Fehler geben muss. Mich erinnert das immer an eine Aussage von Elon Musk, der gesagt hat: »If things are not failing, you are not innovating enough.« Egal um welche große Frage der Zeit, ob Klimawandel, Pandemie oder Digitalisierung, es sich handelt, neue Technologien bestimmen die Welt von morgen und wir befinden uns bereits in einem fundamentalen Wandel.

Was allerdings gleich bleibt: Unsere hohe Lebensqualität werden wir nur durch wirtschaftlichen Erfolg halten können. Denn nur durch wirtschaftlichen Erfolg gibt es Geld im Staatshaushalt für Soziales, das Gesundheitssystem, die Bildungseinrichtungen oder die Pensionen. Denn auch wenn die Steuern in Österreich und Europa besonders hoch sind, sie können nicht ins Unermessliche angehoben werden. Steigerungen im Staatshaushalt gibt es nur durch eine Steigerung unserer Wirtschaftsleistung. Und eine Steigerung der Wirtschaftsleistung kann zum Ersten nur durch die Ausweitung der Kapazitäten im Sinne von maschineller sowie digitaler Produktion und qualifizierten Erwerbstätigen oder zum Zweiten durch höhere Produktivität erzielt werden. Nachdem sich die Geburtenrate mittlerweile auf einem eher niedrigen Niveau eingependelt hat und nicht mit einem enormen Bevölkerungswachstum zu rechnen ist – was im Übrigen, wenn es durch unqualifizierte Zuwanderung stattfindet, ein Großteil nicht befürworten und das BIP pro Kopf senken würde –, dann ist die einzige wirkliche Möglichkeit für die Steigerung unserer Wirtschaftsleistung die Steigerung unserer Produktivität. Und das wird nur durch Leistungsbereitschaft und Innovation möglich.

3. Wir brauchen in Europa eine klare Migrationsstrategie

Das führt mich zum nächsten Thema, der Zuwanderung. Wir haben das eindringlich während der Flüchtlingskrise 2015 erlebt.

Wie bereits zuvor ausgeführt wurde, leben in der EU rund 450 Millionen Menschen, in Afrika leben rund 1,2 Milliarden. Niemand kann sich aussuchen, wo er geboren wird. Wenn die eigenen Lebensumstände katastrophal sind, werden viele versuchen, für ein besseres Leben in andere Teile der Welt aufzubrechen.

Die Lösung kann aber nicht sein, dass alle Menschen, die unter schlechten Bedingungen leben, in Europa aufgenommen werden.

Aktuell gibt es weltweit erstmals über hundert Millionen Menschen auf der Flucht. Das würde unsere Gesellschaften und unsere Sozialsysteme schlicht überfordern. Gleichzeitig ist Europa ein alternder Kontinent. In weiten Teilen gibt es einen Arbeitskräftemangel, mehr und mehr offene Stellen können gar nicht besetzt werden. Was es braucht, ist eine klare Strategie in der Migration.

Europa muss selbstbewusst entscheiden, wer nach Europa kommen darf und wer nicht. Das darf keine Entscheidung von kriminellen Schlepperbanden sein. Kanada und Australien zeigen vor, dass qualifizierte Zuwanderung steuerbar ist. Auch wir sollten den Weg gehen, gezielt weltweit die besten Talente nach Europa zu holen. So können wir selbst entscheiden, wer und wie viele zuwandern, und die besten Voraussetzungen für die Integration schaffen. Denn gelungene Integration ist immer eine Frage der Zahl der zu Integrierenden.

Ein weiteres Ziel muss sein, die Lebensumstände in den Herkunftsländern selbst durch Hilfe vor Ort zu verbessern. Das ist auch unsere christlich-soziale Verantwortung.

4. Die Kinder von heute brauchen morgen ein starkes Fundament

Kinder, die heute geboren werden, leben aufgrund der stark angestiegenen Lebenserwartung im Durchschnitt deutlich bis über das Jahr 2100 hinaus, obwohl man sich das derzeit nur schwer vorstellen kann. Die Lebenserwartung wird in weiten Teilen der Welt weiterhin rasant steigen. Die entscheidende Frage wird sein, ob wir es in Zukunft auch schaffen werden, die Zahl der Lebensjahre unter Wahrung physischer und mentaler Gesundheit zu steigern.

Die wissenschaftlichen Fortschritte im Bereich »Longevity« sind enorm. Es gibt sehr viele spannende Projekte, wie es gelingen kann, den Alterungsprozess der Zellen zu verlangsamen oder womöglich gar zu stoppen. Wer weiß.

Die wichtigste Frage der Zukunft wird aber sein, was wir unsere Kinder lehren und ihnen beibringen. Das Menschsein an sich wird sich in der Welt von morgen nicht verändern. Gesundheit, ein intaktes Familienleben, enge soziale Beziehungen mit anderen Menschen bleiben sehr wichtig. Gerade während der Pandemie ist vielen noch einmal bewusst geworden, wie schwierig es sein kann, wenn dieser Kontakt auf einmal nicht mehr möglich ist. Was sich stark verändern wird, ist die Art und Weise, wie wir arbeiten, uns fortbewegen, lernen und kommunizieren. Ganze Branchen werden verschwinden, unzählige Berufe wird es nicht mehr geben, andere werden dafür neu entstehen. Die Geschwindigkeit des technologischen Fortschritts, den wir derzeit erleben, wird sich weiter erhöhen.

Jeden Tag gehen auf der Welt mehr als eine Milliarde Kinder in die Schule. Das sind mehr als jemals zuvor. Lesen, Rechnen und Schreiben sind nach wie vor die wichtigsten Grundkenntnisse. Jeder, der die Schule verlässt, ohne diese zu beherrschen, ist ein Verlust für unsere Gesellschaft. Kinder müssen zudem Fertigkeiten entwickeln, wie sie sich in dieser hochtechnologischen Welt Wissen aneignen. Informationen sind im Überfluss vorhanden. Es geht um Grundfähigkeiten zur Verarbeitung und Interpretation von Informationen. Die Herausforderung unserer Zeit lautet: Wie gehen wir mit diesen Informationen um? Glauben wir an das, was Algorithmen uns sagen, oder wissen wir noch selbst, was uns wichtig ist?

Ich bin der festen Überzeugung, dass Kinder und junge Menschen heute mehr denn je ein Fundament aus Grundwerten brauchen. Grundwerte wie Solidarität, Fleiß und Verantwortung sind ein Navigator für eine Welt, die sich ständig verändert. Dieses Fundament ist ein stabiles, das uns durch die letzten 2.000 Jahre begleitet hat und wird auch in Zukunft ein guter Kompass sein.

5. Pessimismus hilft nicht, im Gegenteil

Wie ich bereits zuvor ausgeführt habe, bleibe ich trotz der vielen Krisen – Klima, Krieg, Inflation – optimistisch. Die Geschichte hat uns gelehrt, dass es selbst nach noch so schweren Zeiten immer wieder aufwärtsgeht. Pessimismus hilft nicht, sondern ein möglichst rationaler Blick auf die Welt und der lässt mich – trotz allem – positiv bleiben.

Ich habe unlängst das Buch *Doom* des amerikanischen Historikers Niall Ferguson gelesen, in dem er aus den großen Katastrophen der Vergangenheit Lehren für die Zukunft zieht.

Weltuntergangsfantasien gab es quer durch alle Jahrhunderte. Im Moment verleitet der Klimawandel zu einer Leidenschaft für die Apokalypse. Ich bin in diesem Zusammenhang für die Behauptung, dass wir die Klimakrise auch ohne Verzicht bewältigen werden, sehr kritisiert worden. Umwelt- und Klimaschutz, davon bin ich zutiefst überzeugt, gelingen nicht durch Verzicht, sondern vor allem durch technologischen Fortschritt. Mobilität, Wirtschaftskraft und eine hohe Lebensqualität sind auch ohne CO_2-Emissionen möglich, nämlich durch Innovation.

Die Coronapandemie hat uns vor scheinbar unüberbrückbare Herausforderungen gestellt. Sie hat das Leben – zumindest für eine gewisse Zeit – jedes Einzelnen verändert. Und dennoch sind aus dieser Krise auch unglaubliche Chancen hervorgegangen. Alleine der Grad der Digitalisierung hat uns in ein neues Zeitalter versetzt. Keine politische Kampagne der Welt hätte diese Veränderung geschafft. Darüber hinaus hat uns diese Krise auch gezeigt, wie schnell in einem noch nie da gewesenen globalen Schulterschluss in so kurzer Zeit ein Impfstoff gegen ein Virus entwickelt werden kann. Diese Forschungen haben nicht nur zu einer Eindämmung der Pandemie geführt, sondern sind Grundlage und Schub in zahlreichen anderen medizinischen Gebieten wie der Krebsforschung.

Daher sehe ich auch in den jüngsten Krisen und Bewährungsproben unserer europäischen Gemeinschaft ein Potenzial zur Bewältigung von vielfältigen Herausforderungen. Ein Blick in die Geschichtsbücher zeigt, jeder Rückschlag hat uns als Gesellschaft stärker gemacht und trotz aller Verluste und Schwierigkeiten nach vorne gebracht.

Heute stehen wir in der Frage der Energieversorgung vor einem Wendepunkt. Es ist nicht nur das Notwendige, sondern auch das Richtige, sich aus der Abhängigkeit von fossilen Energiequellen loszulösen und mit den erneuerbaren Energien auf unsere eigene europäische Stärke zu setzen. Vieles ist schon gelungen und vieles wird auch in Zukunft noch gelingen.

Meinen optimistischen Blick auf die Welt verliere ich auch vielleicht deshalb nicht, weil ich in meinem persönlichen Leben bisher sehr viel Gutes erfahren habe. Ich bin zutiefst dankbar *für alles*, was ich bereits erleben durfte. Jeden einzelnen Lebensabschnitt habe ich sehr genossen. Meine Kindheit war geprägt von großer Geborgenheit. In meiner Schul- und Jugendzeit habe ich Freunde fürs Leben gefunden, wir hatten ungemein viel Spaß und trotzdem haben wir alle etwas gelernt und mitgenommen. Es war eine Ehre, als Regierungsmitglied und Bundeskanzler meinem Land dienen zu dürfen, und ein unglaublich schönes Gefühl, durch harte Arbeit einen Beitrag zu leisten. Jetzt habe ich große Freude an den ersten Facetten meines neuen Lebensabschnitts und spüre eine große Vorfreude auf alles, was noch kommt. Das schönste Geschenk meines bisherigen Lebens war es, Vater von einem gesunden Kind zu werden. Das ist ein Geschenk, das alles andere bei Weitem überstrahlt und das man zu Recht erst verstehen kann, wenn man es selbst erlebt hat.

All diese Erfahrungen sind der Grund dafür, warum ich ein bedingungsloser Optimist bin,. was mein eigenes Leben betrifft. und mein Blick auf die Welt, auch in schwierigen Zeiten wie diesen, ein optimistischer bleibt.

Es gibt im Moment genug Anlass, einen düsteren Blick auf die Welt zu haben. Ich glaube aber, dass wir in Österreich und Europa das Potenzial haben, alle Krisen zu meistern und einer der lebenswertesten Orte der Welt zu bleiben. Trotz allen Herausforderungen muss uns immer bewusst sein, dass sich vieles in den letzten Jahrhunderten gesamtheitlich – wie es auch von Hans Rosling beschrieben wird – zum Positiven entwickelt hat.

Das Schöne ist, jeder kann jeden Tag einen Beitrag dazu leisten. Nicht nur für sich selbst, sondern für uns alle.